최상위권 독해의 비결, **추론**

용선생

추론독해 1

초등 국어 **1단계**

1 · 2학년 권장

용선생 추론독해가 필요한 이유

추론을 잡아야 독해가 된다

글에는 모든 정보가 다 담겨 있지 않습니다. 읽는 이가 알 만한 정보나 맥락상 알 수 있는 내용은 생략되어 있지요. 그러니 독해를 잘하려면 문맥을 통해 생략된 정보를 짐작하고, 글의 내용과 배경지식을 연결 지으며 읽을 수 있어야 합니다. 이것이 추론입니다.

새 국어과 교육과정에서도 추론적 읽기가 강화되었습니다. 글의 내용을 제대로 정확하게 읽어 내는 능력이 '추론'에 달려 있기 때문입니다.

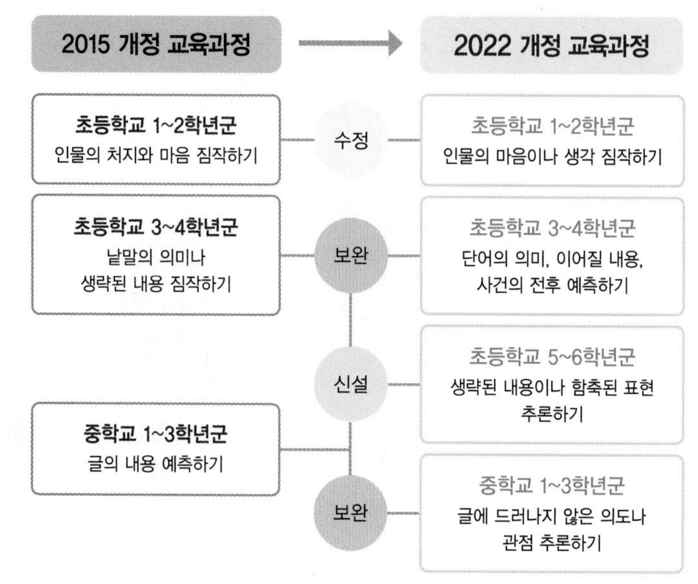

▲ 추론적 읽기가 강화된 2022 개정 국어과 교육과정

용선생 추론독해가 특별한 이유

읽기 이론과
교육과정에 기초한
체계적인 커리큘럼

단계가 올라갈수록
전략은_심화되고
지문은_길어지고
핵심은_더_꼼꼼하게
어휘는_더_탄탄하게

	1단계	2단계
내용 이해	① 문장 이해하기 (기초) ② 문장 부호 알기 (기초) ③ 중심 낱말 찾기 ④ 글의 내용 확인하기 ⑤ 누가 무엇을 했는지 알기 ⑥ 인물의 생각 알기	① 중심 문장 찾기 ② 설명하는 대상의 특징 찾기 ③ 인물의 마음 변화 알기 ④ 장면 떠올리며 읽기 ⑤ 의견과 까닭 파악하기
구조·표현 파악	⑦ 시간 흐름에 따라 일이 일어난 차례 알기 ⑧ 꾸며 주는 말 알기	⑥ 중요한 내용 정리하기 ⑦ 장소 변화에 따라 일이 일어난 차례 알기
추론	⑨ 인물의 마음 짐작하기 ⑩ 알맞은 낱말 짐작하기	⑧ 뒷이야기 상상하기 ⑨ 인물의 모습과 행동 상상하기 ⑩ 알맞은 문장 짐작하기
평가	⑪ 글쓴이의 생각 판단하기	⑪ 글쓴이의 의견과 나의 의견 비교하기
창의	⑫ 일상생활에 적용하기	⑫ 자료에 적용하기

- 500~800자의 지문
- 생활문(감상문, 기행문, 일기, 편지글 등), 설명문, 논설문
- 전래 동화, 창작 동화, 세계 명작 동화, 동시, 극
- 비슷한 말, 반대되는 말, 헷갈리는 말, 관용 표현 학습

논리적 추론을 위한 **전략·문제·연습**

빈틈없는 추론 전략

인물의 마음·행동·가치관 짐작하기, 생략된 낱말과 문장 짐작하기, 낱말의 뜻 짐작하기, 이어질 내용 짐작하기, 함축된 표현의 의미 추론하기, 작가의 의도 짐작하기 등 추론적 사고력을 향상시키는 읽기 전략을 빠짐없이 구성하였습니다.

다양한 추론 문제

추론은 아이들이 문제를 풀 때 가장 어려워하는 유형입니다. 다양하고 질 좋은 ★추론 문제를 통해 추론 능력을 탄탄히 다질 수 있습니다.

효과적인 추론 연습

문제 아래에 어떻게 알았나요?를 두어, 문제를 풀 때 글 속에서 근거를 찾는 방법을 연습하게 하였습니다. 이는 글에 드러난 정보에 기반하여 내용을 능동적으로 추론하며 읽는 습관을 길러 줄 것입니다.

3단계	4단계	5단계	6단계
① 중심 문장과 뒷받침 문장 알기 ② 사실과 의견 구별하기 ③ 글의 목적 파악하기	① 글의 주제 찾기 ② 인물, 사건, 배경 알기	① 글쓴이의 관점 파악하기 ② 인물의 갈등 이해하기	① 글의 종류에 따라 다르게 읽기 ② 말하는 이 파악하기
④ 글의 내용 간추리기 ⑤ 이야기의 내용 간추리기 ⑥ 시의 특징 알기	③ 감각적 표현 알기 ④ 원인과 결과 파악하기 ⑤ 주장과 근거 파악하기	③ 비유하는 표현 이해하기 ④ 설명 방법 알기: 정의, 예시, 열거, 인과 ⑤ 설명 방법 알기: 비교, 대조 ⑥ 설명 방법 알기: 분류, 분석	③ 반어와 역설 이해하기 ④ 설명하는 글의 짜임 알기 ⑤ 주장하는 글의 짜임 알기
⑦ 낱말의 뜻 짐작하기 ⑧ 이어 주는 말 짐작하기 ⑨ 이야기의 분위기 파악하기	⑥ 뒷받침 문장 짐작하기 ⑦ 어울리는 시각 자료 짐작하기 ⑧ 인물의 성격 파악하기 ⑨ 이어질 내용 짐작하기	⑦ 소재의 의미 추론하기 ⑧ 인물이 추구하는 가치 추론하기 ⑨ 생략된 내용 추론하기	⑥ 함축된 표현의 의미 추론하기 ⑦ 작품의 시대 상황 추론하기 ⑧ 작가의 의도 해석하기
⑩ 인물의 행동 평가하기 ⑪ 서로 다른 의견 비교하기	⑩ 뒷받침 문장의 적절성 판단하기 ⑪ 근거의 타당성 판단하기	⑩ 내용의 타당성 판단하기 ⑪ 두 글의 관점 분석하기	⑨ 표현의 적절성 판단하기 ⑩ 글쓴이의 관점 평가하기
⑫ 인물의 가치관을 삶에 적용하기	⑫ 질문하며 읽기	⑫ 자료를 통해 문제 해결하기	⑪ 구체적인 상황에 적용하기 ⑫ 두 글을 통합적으로 읽기

3·4단계

- 700~1,100자의 지문
- 인문·사회·과학·예술 영역의 설명문, 논설문
- 고전 소설, 현대 소설, 세계 명작 소설, 현대 시, 현대 수필
- 내용 구조화로 핵심 정리
- 다의어, 동형어, 헷갈리는 말, 한자어 학습

5·6단계

- 900~1,300자의 지문
- 인문·사회·과학·예술 영역의 설명문, 논설문
- 고전 소설, 현대 소설, 세계 명작 소설, 현대 시, 현대 수필
- 문단별 요약으로 핵심 정리
- 다의어, 동형어, 헷갈리는 말, 뜻을 더하는 말, 한자어 학습

용선생 추론독해의 구성과 특징

읽기 전략

쉬운 설명과 확인 문제를 통해
초등 1~2학년 수준에서 필수적인 읽기 전략을 배웁니다.

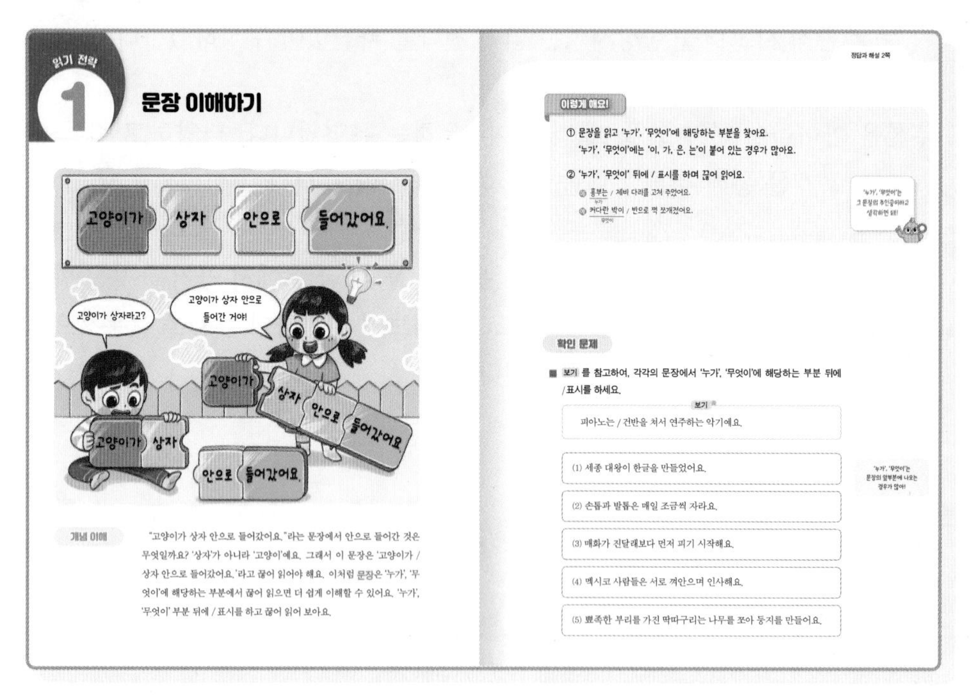

개념 이해

읽기 전략을 쉽게 이해할 수 있도록 재미있는 그림과 함께 제시하였습니다.

이렇게 해요!

읽기 전략을 사용하는 방법을 간단히 정리하였습니다.

확인 문제

짧은 지문과 적용 문제를 통해 읽기 전략을 제대로 이해했는지 점검할 수 있게 하였습니다.

실전 독해

다양한 문학 · 비문학 지문을 읽고 문제를 풀어 보며
독해 실력을 쌓습니다.

교과 연계

지문 내용과 연계된 교과목 및 단원을 제시하였습니다.

어휘 풀이

지문 속 어려운 어휘를 그림과 함께 풀이해 주었습니다. 왼쪽 체크 박스를 활용해 학습 여부를 확인할 수 있습니다.

전략 적용

읽기 전략을 적용해 풀어야 하는 문제를 표시해 두었습니다.

어떻게 알았나요?

답을 어떻게 찾았는지 써 보며 지문에서 답을 찾는 습관을 들일 수 있게 하였습니다.

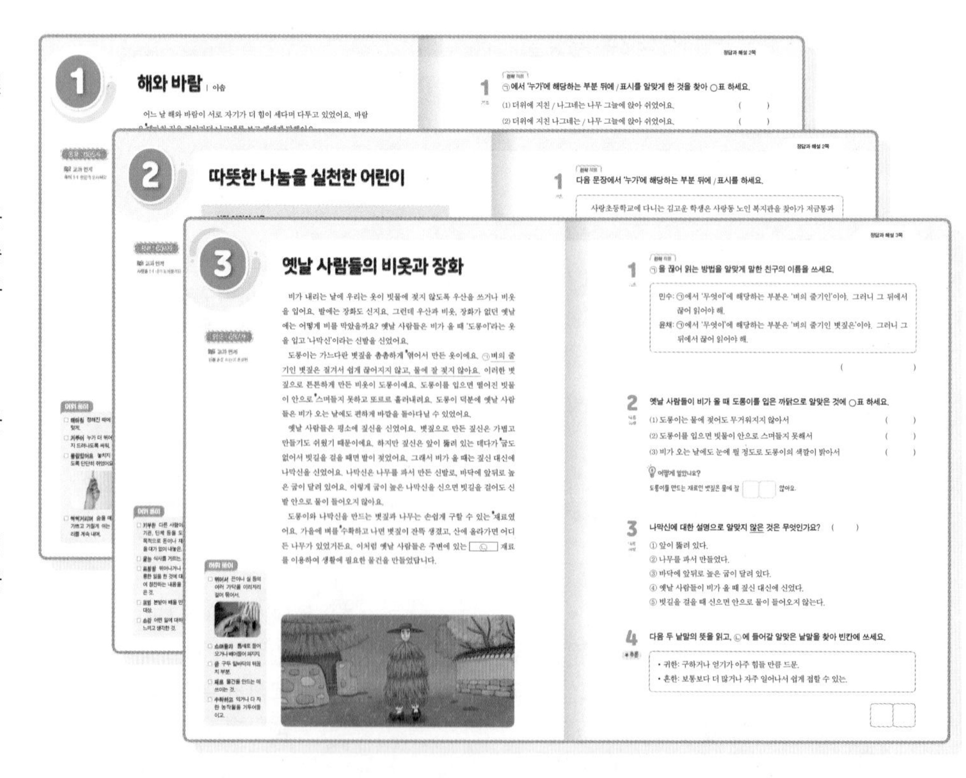

어휘 익히기

지문 어휘 복습 및 관련 어휘 학습으로 독해의 기반인 어휘력을 넓고 깊게 익힙니다.

어휘 익히기

1 다음 낱말의 뜻으로 알맞은 것을 찾아 선으로 이으세요.

(1) 겨루어 • • ① 정해진 때에 알맞게.

(2) 때마침 • • ② 누가 더 뛰어난지 드러나도록 싸워.

(3) 수확하고 • • ③ 익거나 다 자란 농작물을 거두어들이고.

2 빈칸에 알맞은 낱말을 보기 에서 찾아 쓰세요.

보기 모범 소감 재료

(1) 빵을 만드는 ☐☐는 밀가루이다.

(2) 나는 친구들 앞에서 책을 읽고 느낀 ☐☐을 말했다.

(3) 선생님께 인사를 잘 드리는 것은 ☐☐이 되는 행동이다.

3 밑줄 친 낱말이 알맞게 쓰이지 않은 것에 V표 하세요.

(1) 밥을 굶는 것은 건강에 좋지 않다. ☐

(2) 행주로 식탁을 깨끗이 불잡았어요. ☐

(3) 주스를 마시다가 흘렸지만 다행히 옷에 스며들지 않았다. ☐

4 '쉽다'와 뜻이 비슷한 낱말을 보기 에서 찾아 쓰세요.

보기 가깝다 바르다 편하다 힘겹다

간단하다 수월하다

쉽다: 뜻 하기에 어렵거나 힘들지 않다.

☐☐☐

5 다음을 읽고, ( )에서 알맞은 낱말을 골라 ○표 하세요.

드리다	들이다
뜻 윗사람에게 무엇을 건네어 가지게 하거나 사용하게 하다.	뜻 밖에서 안으로 들어오게 하다.

(1) 마당에 있던 화분을 안으로 (드려 / 들여) 놓았다.

(2) 학교에서 받은 안내문을 부모님께 (드렸다 / 들였다).

지문에서 배운 어휘를 다시 한번 확인하며 어휘 실력을 탄탄히 다질 수 있게 하였습니다.

어휘 지식을 확장할 수 있도록 지문과 관련된 비슷한 말, 반대되는 말, 헷갈리는 말, 관용 표현 학습을 구성하였습니다.

정답과 해설

정답을 빠르게 확인할 수 있는 정답표, 친절하고 자세한 해설을 제공하였습니다.

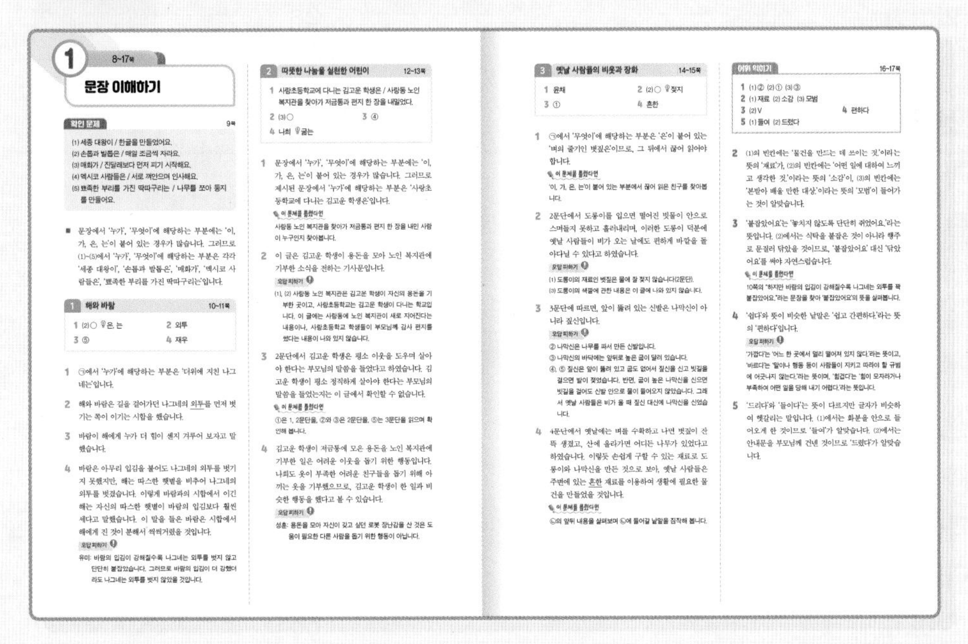

오답 피하기

오답이 오답인 이유를 명쾌하게 설명하였습니다.

이 문제를 틀렸다면

문제에 대한 힌트를 주어, 틀린 문제를 다시 풀어 보고 정답을 찾을 수 있게 하였습니다.

차례

읽기 전략 1

문장 이해하기

개념 이해

"고양이가 상자 안으로 들어갔어요."라는 문장에서 안으로 들어간 것은 무엇일까요? '상자'가 아니라 '고양이'예요. 그래서 이 문장은 '고양이가 / 상자 안으로 들어갔어요.'라고 끊어 읽어야 해요. 이처럼 **문장**은 '누가', '무엇이'에 해당하는 부분에서 끊어 읽으면 더 쉽게 이해할 수 있어요. '누가', '무엇이' 부분 뒤에 / 표시를 하고 끊어 읽어 보아요.

이렇게 해요!

① 문장을 읽고 '누가', '무엇이'에 해당하는 부분을 찾아요.
'누가', '무엇이'에는 '이, 가, 은, 는'이 붙어 있는 경우가 많아요.

② '누가', '무엇이' 뒤에 / 표시를 하며 끊어 읽어요.

예 흥부는(누가) / 제비 다리를 고쳐 주었어요.

예 커다란 박이(무엇이) / 반으로 쩍 쪼개졌어요.

'누가', '무엇이'는 그 문장의 주인공이라고 생각하면 돼!

확인 문제

■ 보기 를 참고하여, 각각의 문장에서 '누가', '무엇이'에 해당하는 부분 뒤에 /표시를 하세요.

보기

피아노는 / 건반을 쳐서 연주하는 악기예요.

(1) 세종 대왕이 한글을 만들었어요.

(2) 손톱과 발톱은 매일 조금씩 자라요.

(3) 매화가 진달래보다 먼저 피기 시작해요.

(4) 멕시코 사람들은 서로 껴안으며 인사해요.

(5) 뾰족한 부리를 가진 딱따구리는 나무를 쪼아 둥지를 만들어요.

'누가', '무엇이'는 문장의 앞부분에 나오는 경우가 많아!

1

해와 바람 | 이솝

동화 | 685자

교과 연계
국어 1-1 반갑게 인사해요

어느 날 해와 바람이 서로 자기가 더 힘이 세다며 다투고 있었어요. 바람은 때마침 길을 걸어가던 나그네를 보고 해에게 말했어요.

"누가 더 힘이 센지 겨루어 볼래? 저 나그네의 외투를 먼저 벗기는 쪽이 이기는 시합을 하는 거야."

"좋아."

바람이 먼저 나섰어요. 바람은 숨을 크게 들이마신 뒤, 차가운 입김을 훅 내뱉었어요. 그러자 나그네의 외투 자락이 마구 날렸어요.

"어휴, 날씨가 갑자기 추워지는걸? 외투의 단추를 채워야겠어."

나그네의 외투가 날아가지 않자, 바람은 입김을 더 세게 불었어요. 하지만 바람의 입김이 강해질수록 나그네는 외투를 꽉 붙잡았어요.

"헉헉, 힘들어서 더는 못 하겠어!"

바람은 힘이 빠져 뒤로 물러났어요. 이번에는 해가 나섰어요.

"억지로 외투를 벗기려고 하니까 안 되지. 내가 어떻게 하는지 잘 봐."

해는 나그네에게 따스한 햇볕을 비추었어요.

"아이, 따뜻해. 이제 좀 살 것 같아."

나그네는 외투의 단추를 풀고 걸어갔어요. 해는 나그네의 머리 위에서 계속 햇볕을 비추었어요. 나그네는 곧 땀을 뻘뻘 흘리기 시작했어요.

"아이고, 더워라! 오늘 날씨가 정말 이상하네."

결국 나그네는 참지 못하고 외투를 벗어 버렸어요. ㉠더위에 지친 나그네는 나무 그늘에 앉아 쉬었어요.

해가 바람을 바라보며 말했어요.

"봤지? 내 따스한 햇볕이 너의 입김보다 훨씬 세단다."

해의 말을 들은 바람은 씩씩거리며 저 멀리 달아났어요.

어휘 풀이

- □ **때마침** 정해진 때에 알맞게.
- □ **겨루어** 누가 더 뛰어난지 드러나도록 싸워.
- □ **붙잡았어요** 놓치지 않도록 단단히 쥐었어요.

- □ **씩씩거리며** 숨을 매우 가쁘고 거칠게 쉬는 소리를 계속 내며.

전략 적용

1

기초

㉠에서 '누가'에 해당하는 부분 뒤에 / 표시를 알맞게 한 것을 찾아 ○표 하세요.

(1) 더위에 지친 / 나그네는 나무 그늘에 앉아 쉬었어요. ( )

(2) 더위에 지친 나그네는 / 나무 그늘에 앉아 쉬었어요. ( )

(3) 더위에 지친 나그네는 나무 그늘에 / 앉아 쉬었어요. ( )

어떻게 알았나요?

'누가', '무엇이'에는 '이, 가, [ ], [ ]'이 붙어 있는 경우가 많아요.

2

내용 이해

해와 바람이 한 시합이 무엇인지 빈칸에 알맞은 낱말을 쓰세요.

나그네의 [ ][ ]를 먼저 벗기는 쪽이 이기는 시합

3

내용 이해

이 글에서 일어난 일로 알맞지 않은 것은 무엇인가요? ( )

① 해는 나그네에게 따스한 햇볕을 비추었다.
② 날씨가 더워지자 나그네는 외투를 벗었다.
③ 날씨가 추워지자 나그네는 외투를 붙잡았다.
④ 바람은 나그네에게 차가운 입김을 내뱉었다.
⑤ 해는 바람에게 누가 더 힘이 센지 겨루어 보자고 말했다.

4

추론

이 글을 읽고 짐작한 내용을 알맞게 말한 친구의 이름을 쓰세요.

재우: 바람은 시합에서 진 것이 분해서 씩씩거렸을 거야.
유미: 바람의 입김이 더 강했더라면 나그네가 외투를 벗었을 거야.

( )

따뜻한 나눔을 실천한 어린이

사회 | 604자

교과 연계
사람들 1-1 내가 도와줄게요

사랑 어린이 신문 20○○년 3월 25일 월요일

"어려운 이웃을 위해 쓰고 싶어요."

저금통에 모은 용돈을 모두 기부한 초등학생

한 초등학교 1학년 학생이 매일 조금씩 모은 용돈을 노인 복지관에 기부한 소식이 알려져 감동을 주고 있다.

지난 3월 18일, 사랑초등학교에 다니는 김고운 학생은 사랑동 노인 복지관을 찾아가 저금통과 편지 한 장을 내밀었다. 편지에는 꾹꾹 눌러쓴 글씨로 "어려운 이웃을 위해 저금통에 용돈을 꼬박꼬박 모았어요. 밥을 굶는 할아버지와 할머니께 이 돈을 드리고 싶어요."라고 적혀 있었다. 김고운 학생은 평소 이웃을 도우며 살아야 한다는 부모님의 말씀을 듣고 용돈을 기부하기로 했다고 한다. 김고운 학생이 기부한 돈은 홀로 사는 할아버지, 할머니를 돕는 일에 쓰일 예정이다.

한편, 이 소식을 들은 사랑초등학교 교장 선생님은 김고운 학생에게 착한 어린이 표창장을 전달했다. 교장 선생님은 배려와 나눔을 실천하는 김고운 학생의 마음이 기특하다며, 다른 친구들에게 멋진 모범이 되어 주어 고맙다고 말했다. 표창장을 받은 김고운 학생은 "배고픈 사람들을 도울 수 있어서 기뻐요. 다음에는 용돈을 더 많이 모아서 기부하고 싶어요."라고 소감을 밝혔다.

— 박무진 어린이 기자

어휘 풀이

- □ **기부한** 다른 사람이나 기관, 단체 등을 도울 목적으로 돈이나 재산을 대가 없이 내놓은.
- □ **굶는** 식사를 거르는.
- □ **표창장** 뛰어나거나 훌륭한 일을 한 것에 대하여 칭찬하는 내용을 적은 것.
- □ **모범** 본받아 배울 만한 대상.
- □ **소감** 어떤 일에 대하여 느끼고 생각한 것.

전략 적용

1 기초

다음 문장에서 '누가'에 해당하는 부분 뒤에 / 표시를 하세요.

> 사랑초등학교에 다니는 김고운 학생은 사랑동 노인 복지관을 찾아가 저금통과 편지 한 장을 내밀었다.

2 중심 생각

이 글에서 전하는 소식으로 알맞은 것에 ○표 하세요.

(1) 사랑동에 노인 복지관이 새로 지어진다는 소식 (   )

(2) 사랑초등학교 학생들이 부모님께 감사 편지를 쓴 소식 (   )

(3) 김고운 학생이 용돈을 모아 노인 복지관에 기부한 소식 (   )

3 내용 이해

이 글에서 알 수 있는 내용으로 알맞지 <u>않은</u> 것은 무엇인가요? (   )

① 김고운 학생은 사랑초등학교 1학년 학생이다.

② 김고운 학생은 3월 18일에 노인 복지관을 찾아갔다.

③ 김고운 학생은 어려운 이웃을 위해 저금통에 용돈을 모았다.

④ 김고운 학생은 평소 정직하게 살아야 한다는 부모님의 말씀을 들었다.

⑤ 김고운 학생은 사랑초등학교 교장 선생님께 착한 어린이 표창장을 받았다.

4 창의

김고운 학생이 한 일과 비슷한 행동을 한 친구의 이름을 쓰세요.

> 나희: 옷이 부족한 친구들을 돕기 위해 내가 아끼는 옷을 기부했어.
> 성훈: 몇 년 동안 쓰지 않고 모은 용돈으로 내가 갖고 싶던 로봇 장난감을 샀어.

(   )

어떻게 알았나요?

김고운 학생은 밥을 [   ][   ] 할아버지와 할머니를 위해 용돈을 기부했어요.

3 옛날 사람들의 비옷과 장화

인문 | 687자

교과 연계
인물 2-2 시간이 흐르면

비가 내리는 날에 우리는 옷이 빗물에 젖지 않도록 우산을 쓰거나 비옷을 입어요. 발에는 장화도 신지요. 그런데 우산과 비옷, 장화가 없던 옛날에는 어떻게 비를 막았을까요? 옛날 사람들은 비가 올 때 '도롱이'라는 옷을 입고 '나막신'이라는 신발을 신었어요.

도롱이는 가느다란 볏짚을 촘촘하게 엮어서 만든 옷이에요. ㉠ 벼의 줄기인 볏짚은 질겨서 쉽게 끊어지지 않고, 물에 잘 젖지 않아요. 이러한 볏짚으로 튼튼하게 만든 비옷이 도롱이예요. 도롱이를 입으면 떨어진 빗물이 안으로 스며들지 못하고 또르르 흘러내려요. 도롱이 덕분에 옛날 사람들은 비가 오는 날에도 편하게 바깥을 돌아다닐 수 있었어요.

옛날 사람들은 평소에 짚신을 신었어요. 볏짚으로 만든 짚신은 가볍고 만들기도 쉬웠기 때문이에요. 하지만 짚신은 앞이 뚫려 있는 데다가 굽도 없어서 빗길을 걸을 때면 발이 젖었어요. 그래서 비가 올 때는 짚신 대신에 나막신을 신었어요. 나막신은 나무를 파서 만든 신발로, 바닥에 앞뒤로 높은 굽이 달려 있어요. 이렇게 굽이 높은 나막신을 신으면 빗길을 걸어도 신발 안으로 물이 들어오지 않아요.

도롱이와 나막신을 만드는 볏짚과 나무는 손쉽게 구할 수 있는 재료였어요. 가을에 벼를 수확하고 나면 볏짚이 잔뜩 생겼고, 산에 올라가면 어디든 나무가 있었거든요. 이처럼 옛날 사람들은 주변에 있는 [㉡] 재료를 이용하여 생활에 필요한 물건을 만들었답니다.

어휘 풀이

- □ **엮어서** 끈이나 실 등의 여러 가닥을 이리저리 걸어 묶어서.

- □ **스며들지** 틈새로 들어오거나 배어들어 퍼지지.
- □ **굽** 구두 밑바닥의 뒤꿈치 부분.
- □ **재료** 물건을 만드는 데 쓰이는 것.
- □ **수확하고** 익거나 다 자란 농작물을 거두어들이고.

전략 적용

1 기초

㉠을 끊어 읽는 방법을 알맞게 말한 친구의 이름을 쓰세요.

민수: ㉠에서 '무엇이'에 해당하는 부분은 '벼의 줄기인'이야. 그러니 그 뒤에서 끊어 읽어야 해.
윤채: ㉠에서 '무엇이'에 해당하는 부분은 '벼의 줄기인 볏짚은'이야. 그러니 그 뒤에서 끊어 읽어야 해.

(　　　　　　　　)

2 내용 이해

옛날 사람들이 비가 올 때 도롱이를 입은 까닭으로 알맞은 것에 ○표 하세요.

(1) 도롱이는 물에 젖어도 무거워지지 않아서 (　　)
(2) 도롱이를 입으면 빗물이 안으로 스며들지 못해서 (　　)
(3) 비가 오는 날에도 눈에 띌 정도로 도롱이의 색깔이 밝아서 (　　)

어떻게 알았나요?

도롱이를 만드는 재료인 볏짚은 물에 잘 ☐☐ 않아요.

3 내용 이해

나막신에 대한 설명으로 알맞지 않은 것은 무엇인가요? (　　)

① 앞이 뚫려 있다.
② 나무를 파서 만들었다.
③ 바닥에 앞뒤로 높은 굽이 달려 있다.
④ 옛날 사람들이 비가 올 때 짚신 대신에 신었다.
⑤ 빗길을 걸을 때 신으면 안으로 물이 들어오지 않는다.

4 추론

다음 두 낱말의 뜻을 읽고, ㉡에 들어갈 알맞은 낱말을 찾아 빈칸에 쓰세요.

- 귀한: 구하거나 얻기가 아주 힘들 만큼 드문.
- 흔한: 보통보다 더 많거나 자주 일어나서 쉽게 접할 수 있는.

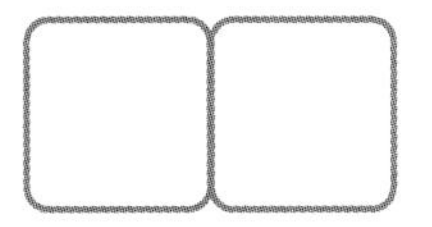

어휘 익히기

1 다음 낱말의 뜻으로 알맞은 것을 찾아 선으로 이으세요.

(1) 겨루어 •　　　　• ① 정해진 때에 알맞게.

(2) 때마침 •　　　　• ② 누가 더 뛰어난지 드러나도록 싸워.

(3) 수확하고 •　　　　• ③ 익거나 다 자란 농작물을 거두어 들이고.

2 빈칸에 알맞은 낱말을 보기 에서 찾아 쓰세요.

보기
모범　　소감　　재료

(1) 빵을 만드는 ☐☐는 밀가루이다.

(2) 나는 친구들 앞에서 책을 읽고 느낀 ☐☐을 말했다.

(3) 선생님께 인사를 잘 드리는 것은 ☐☐이 되는 행동이다.

3 밑줄 친 낱말이 알맞게 쓰이지 않은 것에 ∨표 하세요.

(1) 밥을 굶는 것은 건강에 좋지 않다. ☐

(2) 행주로 식탁을 깨끗이 붙잡았어요. ☐

(3) 주스를 마시다가 흘렸지만 다행히 옷에 스며들지 않았다. ☐

4 '쉽다'와 뜻이 비슷한 낱말을 보기 에서 찾아 쓰세요.

비슷한 말

보기	가깝다	바르다	편하다	힘겹다

간단하다 — 수월하다

쉽다

뜻 하기에 어렵거나 힘들지 않다.

□□□

5 다음을 읽고, (　　)에서 알맞은 낱말을 골라 ○표 하세요.

드리다	들이다
뜻 윗사람에게 무엇을 건네어 가지게 하거나 사용하게 하다.	뜻 밖에서 안으로 들어오게 하다.

(1) 마당에 있던 화분을 안으로 (드려 / 들여) 놓았다.

(2) 학교에서 받은 안내문을 부모님께 (드렸다 / 들였다).

읽기 전략 2

문장 부호 알기

개념 이해

우리가 읽는 문장에는 글자만 있는 것이 아니에요. 이 문장의 끝에도 점이 딱 찍혀 있지요. 이처럼 문장에 쓰이는 기호를 문장 부호라고 해요.

위의 그림에는 네 개의 문장 부호가 있어요. 사다리를 타고 내려가서 문장 부호의 이름을 확인해 볼까요? 차례대로 '쉼표', '마침표', '물음표', '느낌표'라는 것을 알 수 있을 거예요. 이러한 문장 부호가 문장에서 어떻게 쓰이는지 알아보아요.

이렇게 해요!

① 쉼표(,)는 부르는 말이나 대답하는 말 뒤에 써요. 여러 개의 낱말을 나열할 때도 쉼표를 쓰지요.

예 여러분, 우리나라에는 어떤 계절이 있나요?　　예 봄, 여름, 가을, 겨울이 있어요.

② 마침표(.)는 무엇인가를 설명하는 문장 끝에 써요.

예 계절에 따라 먹을 수 있는 과일이 달라요.

③ 물음표(?)는 무엇인가를 묻는 문장 끝에 써요.

예 여름에 먹는 과일에는 어떤 것이 있을까요?

④ 느낌표(!)는 기쁨이나 놀람과 같은 느낌을 나타내는 문장 끝에 써요.

예 저는 수박이 제일 좋아요!

확인 문제

■ 다음 글을 읽고, ㉠과 ㉡에 들어갈 알맞은 문장 부호를 빈칸에 쓰세요.

멀고 먼 옛날, 바다를 다스리는 용왕이 큰 병에 걸렸어요. 어느 날 용한 의사가 찾아와 말했어요.

"산에 사는 토끼의 간을 드시면 병이 나을 수 있습니다."

그 말을 들은 용왕이 주위에 있는 물고기 신하들에게 물었어요.

"토끼를 여기로 데려올 수 있겠나 ㉠ "

"저희는 물속에서만 숨을 쉴 수 있습니다. 토끼를 찾으러 물 밖으로 나가면 죽게 될 것입니다."

신하의 말에 용왕은 한숨을 쉬었어요. 이때 자라가 손을 들었어요.

"용왕님 ㉡ 저는 산과 바다를 마음대로 오갈 수 있습니다. 그러니 제가 토끼를 데려오겠습니다."

— 「토끼전」 중

묻는 문장 끝에는 물음표를 쓰고, 부르는 말 뒤에는 쉼표를 써.

(1) ㉠: ☐　　(2) ㉡: ☐

뭐든지 반대로 하는 청개구리

동화 | 690자

옛날에 엄마 청개구리와 아들 청개구리가 살고 있었어요. 아들 청개구리는 엄마 말을 듣지 않는 말썽꾸러기였어요. 엄마 청개구리의 말이라면 무엇이든지 반대로 행동했지요.

"얘야, 여기로 와서 함께 책을 읽자꾸나."

"싫어요! 저는 가만히 누워서 낮잠이나 잘래요."

하루는 엄마 청개구리가 아들 청개구리에게 노래하는 방법을 알려 주었어요. ㉠

"청개구리는 이렇게 노래해야 한단다. 개굴개굴! 개굴개굴! 어서 따라 해 보렴."

"싫어요! 저는 이렇게 노래할래요. 굴개굴개! 굴개굴개!"

엄마 청개구리는 아들 청개구리가 말을 듣지 않아서 속상했어요. 매일 근심하던 엄마 청개구리는 결국 병에 걸리고 말았어요. 아들 청개구리는 그제야 정신이 번쩍 들었어요.

"엄마, 돌아가시면 안 돼요! 앞으로는 엄마 말을 잘 들을게요."

아들 청개구리가 울면서 말했어요. 하지만 엄마 청개구리는 그 말을 믿지 못했어요. 그래서 죽기 전에 아들 청개구리를 불러 반대로 말했어요.

㉡"내가 죽으면 나를 산이 아니라 냇가에 묻어 주렴."

엄마 청개구리는 이 말을 마치고 세상을 떠났어요.

'내가 말을 안 듣고 뭐든 반대로만 해서 엄마가 돌아가신 거야. 엄마의 마지막 말씀만은 꼭 들어 드려야지.'

아들 청개구리는 엄마의 말대로 냇가에 무덤을 만들었어요. 하지만 비가 올 때면 엄마의 무덤이 떠내려갈까 봐 걱정되었지요. 그 후로 아들 청개구리는 비가 오는 날마다 냇가에서 개굴개굴 슬프게 울었답니다.

어휘 풀이

- □ **반대** 모양, 위치, 방향, 속성 등에서 완전히 다름.
- □ **속상했어요** 일이 뜻대로 되지 않아 마음이 편하지 않고 괴로웠어요.
- □ **근심하던** 두렵고 불안해하던.
- □ **냇가** 냇물 가장자리의 땅.
- □ **마치고** 하던 일이나 과정을 끝내고.
- □ **무덤** 죽은 사람을 땅에 묻어 놓은 곳.

전략 적용

1 다음 중 ㉠에 들어갈 알맞은 문장 부호를 찾아 ○표 하세요.

기초

쉼표(,) 마침표(.) 물음표(?) 느낌표(!)

2 엄마 청개구리가 속상했던 까닭이 무엇인지 빈칸에 알맞은 낱말을 쓰세요.

내용 이해

☐☐ 청개구리가 ☐을 듣지 않아서

3 다음 그림을 보고 이 글에서 일이 일어난 차례에 맞게 기호를 쓰세요.

구조 파악

㉮ ㉯  ㉰  ㉱

(   ) → (   ) → (   ) → (   )

4 ㉡에 담겨 있는 엄마 청개구리의 생각을 알맞게 짐작한 것에 ○표 하세요.

추론

(1) '냇가에 묻어 달라고 하면 나를 산에 묻어 줄 거야.' (   )

(2) '나는 냇가가 좋으니까 그곳에 묻어 주었으면 좋겠다.' (   )

(3) '내 말을 잘 듣겠다고 했으니 나를 냇가에 묻어 주겠지.' (   )

어떻게 알았나요?

엄마 청개구리는 죽기 전에 아들 청개구리를 불러 ☐☐로 말했어요.

개미와 베짱이 | 이솝

동화 | 650자

무더운 여름날, 베짱이가 시원한 그늘에 누워 노래를 부르고 있었어요. 그때 개미가 베짱이 옆을 지나갔어요. 개미는 빵 ㉠ 과일 ㉡ 나뭇잎 등을 집으로 나르고 있었지요. 베짱이는 개미에게 말을 걸었어요.

"개미야, 뭐해? 이렇게 더운 날씨에는 쉬어야지. 우리 같이 노래나 부르자."

"안 돼. 겨울에 먹을 식량을 미리 준비해야 하거든."

개미의 대답에 베짱이는 고개를 갸웃거렸어요.

"아직 여름인데 벌써 겨울을 준비한다고? 너는 참 걱정도 많구나!"

시간이 흘러 시원한 가을이 되었어요. 그래도 베짱이는 여전히 놀기만 했어요. 열심히 일하던 개미가 걱정스레 물었어요.

"베짱이야 ㉢ 겨울에 먹을 식량은 다 준비했니?"

"아니. 겨울이 되려면 한참 남았잖아. 나중에 하면 돼."

어느덧 추운 겨울이 왔어요. 베짱이는 그제야 먹을 것을 찾아다녔어요. 하지만 아무것도 찾지 못해 쫄쫄 굶었지요. 베짱이는 결국 개미네 집으로 갔어요.

"나에게 음식을 나누어 줄 수 있니? 배가 너무 고파."

"당연하지. 어서 들어와."

개미는 베짱이에게 따뜻한 음식을 잔뜩 차려 주었어요. 배부르게 먹은 베짱이가 개미에게 물었어요.

"너는 이 많은 음식을 어떻게 구했니?"

"이건 내가 여름부터 차곡차곡 모은 식량이야. 네가 노는 동안 나는 부지런히 겨울을 준비했잖아."

그 말을 듣고 베짱이는 얼굴이 새빨개지고 말았어요.

어휘 풀이

- □ **식량** 살아가는 데 필요한 먹을거리.
- □ **갸웃거렸어요** 고개나 몸을 이쪽저쪽으로 자꾸 조금씩 기울였어요.

- □ **걱정스레** 좋지 않은 일이 있을까 봐 편하지 않은 마음으로.
- □ **부지런히** 꾸물거리거나 미루지 않고 꾸준하게 열심히.
- □ **새빨개지고** 매우 빨갛게 되고.

전략 적용

1

기초

다음 중 ㉠, ㉡, ㉢에 공통으로 들어갈 문장 부호로 알맞은 것을 찾아 ○표 하세요.

쉼표(,)　　마침표(.)　　물음표(?)　　느낌표(!)

2

내용 이해

이 글의 내용으로 알맞지 않은 것은 무엇인가요? (　　)

① 추운 겨울에 베짱이는 개미네 집으로 갔다.
② 개미는 계속 놀기만 하는 베짱이를 걱정했다.
③ 개미는 배고픈 베짱이에게 음식을 나누어 주었다.
④ 시원한 가을이 되자 베짱이는 먹을 것을 찾아다녔다.
⑤ 무더운 여름날, 베짱이는 그늘에 누워 노래를 불렀다.

3

✶추론

베짱이의 얼굴이 새빨개진 까닭으로 알맞은 것에 ○표 하세요.

(1) 몰래 식량을 준비한 개미에게 화가 나서 (　　)
(2) 음식이 있는 곳을 알려 주지 않는 개미가 답답해서 (　　)
(3) 식량을 미리 준비하지 않고 놀기만 한 것이 부끄러워서 (　　)

어떻게 알았나요?

개미는 □□□가 노는 동안 부지런히 겨울을 준비했어요.

4

창의

이 글을 읽고 든 생각을 알맞게 말한 친구의 이름을 쓰세요.

슬기: 무더운 여름 내내 일만 하던 개미가 불쌍해. 나는 더울 때는 수영장에 가서 실컷 놀 거야.
강호: 베짱이는 일을 미루다가 겨울에 먹을 것이 없어 고생했어. 나도 숙제를 미루는 버릇을 고쳐야겠어.

(　　　　)

3 두근두근 발표하는 날

생활 | 602자

교과 연계
학교 1-1 발표는 이렇게

오늘은 '나의 꿈'에 대해 발표하는 날이었다. 내 순서가 제일 처음이라서 너무 걱정되었다. 교실 앞으로 나가니 가슴이 두근거리고 다리까지 후들후들 떨리는 것 같았다. 그때 선생님께서 다가와 나를 응원해 주셨다.

"현지야, 많이 떨리니 ㉠ 그래도 현지는 해낼 수 있을 거야. 어제 수업 시간에 배운 내용을 떠올려 보렴."

나는 어제 배운 대로 듣는 사람을 바라보면서 내 생각을 또박또박 말해야겠다고 생각했다. 용기를 내어 고개를 들자 친구들과 눈이 마주쳤다. 소영이와 지수도 나를 눈빛으로 응원하고 있었다. 힘을 얻은 나는 크게 숨을 들이마신 뒤 가슴을 활짝 펴고 발표를 시작했다.

"제 꿈은 소방관입니다. 소방관은 불이 난 곳에 가장 먼저 달려가서 불을 끕니다. 그리고 다친 사람들을 구조해 병원으로 데려다줍니다. 저도 용감한 소방관이 되어 다른 사람을 도와주고 싶습니다."

처음에는 목소리가 잘 나오지 않았다. 그렇지만 점점 긴장이 풀리고 자신감이 생겼다. 나는 친구들과 눈을 맞추며 내가 소방관이 되고 싶은 이유를 또박또박 말했다. 발표를 마치자 친구들이 크게 손뼉을 쳐 주었다. 선생님께서도 아주 잘했다며 칭찬해 주셔서 기분이 좋았다. 다음에 발표할 때도 오늘처럼 자신 있게 해야지 ㉡

어휘 풀이

- □ **응원해** 잘하도록 옆에서 격려하거나 도와주어.
- □ **또박또박** 말이나 글씨 등이 분명하고 또렷한 모양.
- □ **구조해** 재난으로 위험에 처한 사람을 구해.
- □ **자신감** 어떤 일을 스스로 충분히 해낼 수 있다고 믿는 마음.
- □ **손뼉** 손 안쪽 전체의 바닥.

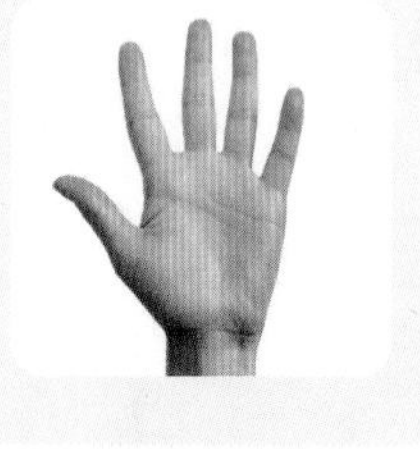

전략 적용

1 기초

㉠, ㉡에 들어갈 알맞은 문장 부호를 찾아 선으로 이으세요.

(1) ㉠ • • ① 느낌표(!)

(2) ㉡ • • ② 물음표(?)

어떻게 알았나요?

무엇인가를 묻는 문장 끝에는 ☐☐☐를 써요.

2 내용 이해

'내'가 어제 수업 시간에 배운 내용으로 알맞은 것에 ○표 하세요.

(1) 발표를 들을 때 발표하는 내용에 귀를 기울여야 한다. (　　)

(2) 발표가 끝난 뒤에 발표한 사람에게 크게 손뼉을 쳐 주어야 한다. (　　)

(3) 발표할 때 듣는 사람을 바라보면서 자기 생각을 또박또박 말해야 한다. (　　)

3 내용 이해

이 글에서 알 수 있는 '나'의 꿈은 무엇인지 빈칸에 알맞은 낱말을 쓰세요.

☐을 끄고 다친 사람들을 구조하는 ☐☐☐

4 구조 파악

이 글에서 일이 일어난 차례에 맞게 기호를 쓰세요.

㉮ '나'는 가슴을 활짝 펴고 발표를 시작했다.
㉯ 소영이와 지수가 '나'를 눈빛으로 응원했다.
㉰ '나'는 발표하는 순서가 제일 처음이라서 걱정이 되었다.
㉱ 선생님께서 발표를 아주 잘했다며 '나'를 칭찬해 주셨다.

(　　) → (　　) → (　　) → (　　)

어휘 익히기

1 다음 낱말의 뜻으로 알맞은 것을 찾아 선으로 이으세요.

(1) 식량 •

(2) 근심하던 •

(3) 속상했어요 •

• ① 두렵고 불안해하던.

• ② 살아가는 데 필요한 먹을거리.

• ③ 일이 뜻대로 되지 않아 마음이 편하지 않고 괴로웠어요.

2 빈칸에 알맞은 낱말을 보기 에서 찾아 쓰세요.

보기
구조해　　마치고　　응원해

(1) 어른들이 힘을 합쳐 물에 빠진 사람을 ☐☐☐ 주었다.

(2) 지민이는 내가 힘들 때마다 항상 웃는 얼굴로 ☐☐☐ 준다.

(3) 학교 앞은 수업을 ☐☐☐ 집에 돌아가는 학생들로 가득했다.

3 밑줄 친 낱말이 알맞게 쓰이지 않은 것에 ∨표 하세요.

(1) 잘 익은 감들이 나무에 또박또박 달려 있다. ☐

(2) 어머니는 아픈 동생을 걱정스레 바라보았다. ☐

(3) 아현이는 잘 모르겠다는 듯이 고개를 갸웃거렸어요. ☐

4 '많이', '부지런히'와 뜻이 반대되는 낱말을 보기 에서 찾아 각각 쓰세요.

반대되는 말

보기 잔뜩 조금 게을리 열심히

많이
뜻 수나 양, 정도 등이 일정한 기준보다 넘게.

↔ (1) □□
뜻 분량이나 정도가 적게.

부지런히
뜻 꾸물거리거나 미루지 않고 꾸준하게 열심히.

↔ (2) □□□
뜻 움직이거나 일하기를 몹시 싫어하는 모양.

5 다음을 읽고, 밑줄 친 속담이 어울리는 상황에 V표 하세요.

관용 표현

옛날에 사람들은 '외양간'이라는 곳에 소를 두고 길렀어요. 소중한 소를 잃어버리지 않으려면 외양간을 튼튼하게 지어야 했지요. 외양간이 망가지면 그때그때 고치는 것도 중요했어요. 망가진 외양간을 고치지 않고 그대로 두면 소가 도망갈 수 있기 때문이에요. 만약 소가 도망간 다음에 외양간을 고치면 어떻게 될까요? 그래도 소는 돌아오지 않을 거예요. '소 잃고 외양간 고친다.'라는 속담은 일이 이미 잘못된 뒤에는 후회해도 소용이 없다는 뜻이랍니다.

(1) 미리 우산을 챙겨서 비를 맞지 않은 상황. □

(2) 비에 쫄딱 젖은 뒤에 새 우산을 사는 상황. □

읽기 전략

3 중심 낱말 찾기

개념 이해

'가죽', '장구', '채' 중에서 무엇이 중심 낱말일까요? **중심 낱말**은 글에서 가장 중요한 낱말이에요. 쉽게 말해, 글에서 설명하고 있는 것이 바로 중심 낱말이지요. 그러니 중심 낱말이 놓일 자리에 적절한 것은 '장구'예요.

만약 중심 낱말을 찾기 어렵다면 글에서 자주 나오는 낱말과 글의 제목을 살펴보는 것도 좋아요. 이렇게 중심 낱말을 찾아 읽으면 글의 내용을 쉽게 이해할 수 있어요.

이렇게 해요!

① 중심 낱말은 글에서 가장 중요한 낱말이에요.

② 중심 낱말은 글에서 자주 나오는 낱말이나 글의 제목을 살펴보면 찾을 수 있어요.

예 [잠자리]는 가을에 자주 만날 수 있는 곤충이에요. [잠자리]는 몸이 가늘고 등에 투명한 네 개의 날개가 달려 있어요. [잠자리]의 눈은 튀어나와 있는데, 머리를 거의 다 덮을 만큼 커요. [잠자리]는 이 눈으로 아주 멀리까지 볼 수 있고, 고개를 돌리지 않고도 앞뒤와 위아래 어디든 볼 수 있어요.

(중심 낱말)

중심 낱말을 찾기 어려울 때는 무엇에 대해 쓴 글인지 생각해 보자.

확인 문제

■ 다음 글의 중심 낱말은 무엇인가요? (　　　)

글에서 자주 나오는 낱말에 밑줄을 치면서 읽어 봐!

광화문 앞에는 툭 튀어나온 눈과 날카로운 이빨을 가진 동물 조각상이 있어요. 사자와 비슷하게 생긴 이 동물의 이름은 '해치'예요. 해치는 나쁜 사람을 보면 뿔로 들이받아 벌을 준다는 상상의 동물이에요.

해치는 뜨거운 불을 먹는 능력이 있다고 해요. 그래서 옛날 사람들은 나쁜 일이 일어나거나 불이 나는 것을 막아 주기를 바라는 마음을 담아 해치 조각상을 세웠어요.

① 뿔　　② 동물　　③ 이빨
④ 해치　　⑤ 광화문

재미있는 소금 이야기

인문 | 537자

소금은 짠맛이 나는 하얀색 알갱이예요. 소금은 주로 음식에 간을 맞추기 위해 사용해요. 음식이 싱거울 때 소금을 약간 넣으면 음식이 맛있어지지요.

소금은 바다에서 얻을 수 있어요. 바닷물이 혀에 닿으면 얼굴이 찡그려질 정도로 짠맛이 나요. 바닷물에 소금이 녹아 있기 때문이에요. 소금이 녹아 있는 바닷물에서 소금만 남기려면, 뜨거운 태양으로 바닷물을 말려야 해요. 바닷물을 가둔 뒤 며칠 동안 햇볕을 쬐어 주면 바닷물이 마르면서 하얀 소금이 만들어져요.

옛날에는 소금이 아주 귀했어요. 소금을 구하기 위해 먼 거리를 여행하기도 하고, 여러 나라가 서로 소금을 가지려고 싸우기도 했지요. 소금이 얼마나 귀했는지 돈 대신 소금이 사용되던 때도 있었어요.

소금은 우리 몸에 꼭 필요해요. 먹은 음식을 잘 소화하도록 도와주고, 몸속의 혈관을 깨끗하게 해 주어요. 그래서 소금은 '바다가 준 선물'이라고 불려요.

하지만 소금을 너무 많이 먹으면 오히려 몸에 좋지 않아요. 우리가 먹는 식사에는 이미 충분한 양의 소금이 들어 있기 때문에 따로 소금을 챙겨 먹지 않아도 된답니다.

어휘 풀이

- □ **간** 음식의 짠 정도.
- □ **소화하도록** 먹은 음식물을 뱃속에서 작게 쪼개어 영양분으로 빨아들이도록.
- □ **혈관** 피가 흐르는 관.
- □ **충분한** 모자라지 않고 넉넉한.

1

중심 생각

전략 적용

다음 중 이 글의 중심 낱말을 찾아 ○표 하세요.

돈	소금	음식	바닷물

어떻게 알았나요?

중심 낱말은 글에서 가장 [ ][ ][ ] 낱말이에요.

2

내용 이해

소금에 대한 설명으로 알맞지 않은 것은 무엇인가요? (　　　)

① 짠맛이 난다.
② 돈 대신 사용되기도 했다.
③ 햇볕에 바닷물이 마르면서 만들어진다.
④ 주로 음식에 간을 맞추기 위해 사용한다.
⑤ 옛날에는 여러 나라에서 쉽게 구할 수 있었다.

3

내용 이해

소금이 '바다가 준 선물'이라고 불리는 까닭이 무엇인지 빈칸에 알맞은 낱말을 쓰세요.

먹은 [ ][ ]을 잘 소화하도록 도와주고, 몸속의 [ ][ ]을 깨끗하게 해 주기 때문이다.

4

창의

이 글을 읽고 소금을 사용하는 방법을 잘못 이해한 친구의 이름을 쓰세요.

태우: 미역국이 너무 싱거워. 소금을 조금 넣어서 미역국을 더 맛있게 만들어야지.
윤지: 요즘 음식을 먹고 체할 때가 많아. 소화가 잘되도록 소금을 듬뿍 넣어 먹어야겠어.
도훈: 고기를 먹을 때, 소금을 적당히 뿌려야 해. 너무 많이 뿌리면 건강에 좋지 않을 거야.

(　　　　　　　　)

등불을 든 천사, 나이팅게일

사회 | 700자

나이팅게일은 1820년에 영국의 큰 부잣집에서 태어났어요. 어려서부터 나이팅게일은 망가진 인형을 고쳐 주거나 다친 강아지를 보살펴 주곤 했어요. 또 병든 사람을 보면 마음 아파하며 그들을 도울 방법을 고민했지요.

열일곱 살이 되었을 때, 나이팅게일은 아픈 사람들을 치료하는 간호사가 되겠다고 결심했어요. 하지만 부모님은 이를 허락해 주지 않았어요. 그때는 사람들이 간호사라는 직업을 무시했거든요. 나이팅게일은 부모님의 반대에도 포기하지 않고 열심히 공부해서 간호사가 되었어요.

나이팅게일이 서른세 살이 되던 해에 전쟁이 일어났어요. 신문에는 전쟁터로 간 영국 병사들의 소식이 실렸어요. 간호사가 부족해서 병사들이 치료를 받지 못하고 죽어 간다는 소식이었지요. 나이팅게일은 위험을 무릅쓰고 전쟁터의 병원으로 갔어요.

병원은 어두컴컴하고 더러웠어요. 이 모습을 본 나이팅게일은 병실을 깨끗하게 청소했어요. 그리고 환자들이 빨리 낫도록 상처 주변을 소독해 주고 영양가 있는 음식을 먹였어요. 나이팅게일은 한밤중에도 등불을 들고 다니며 환자들을 보살펴서 ㉠'등불을 든 천사'라는 별명이 생겼어요. 나이팅게일의 이러한 노력 덕분에 많은 환자가 건강을 되찾았어요.

나이팅게일은 전쟁터에서 돌아온 후에도 환자를 간호하는 일에 힘썼어요. 마흔 살에는 훌륭한 간호사를 길러 내기 위해 책을 쓰고 학교도 세웠지요. 그래서 나이팅게일은 오늘날까지 간호사의 본보기로 불리고 있어요.

어휘 풀이

- □ **치료하는** 병이나 상처 등을 낫게 하는.
- □ **병사** 군인이나 군대.
- □ **무릅쓰고** 힘들고 어려운 일을 견디고.
- □ **소독해** 병에 걸리는 것을 막기 위해 약품이나 열 등으로 균을 죽여.

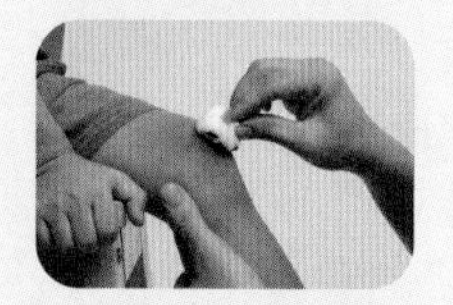

- □ **본보기** 옳거나 훌륭하여 보고 배울 만한 대상.

1

중심 생각

전략 적용

이 글의 중심 낱말이 무엇인지 빈칸에 쓰세요.

2

내용 이해

나이팅게일이 각각의 나이에 한 일을 찾아 선으로 이으세요.

(1) 열일곱 살 때 • •① 전쟁터의 병원으로 갔다.

(2) 서른세 살 때 • •② 책을 쓰고 학교를 세웠다.

(3) 마흔 살 때 • •③ 간호사가 되겠다고 결심했다.

3

내용 이해

나이팅게일에게 ㉠과 같은 별명이 생긴 까닭으로 알맞은 것에 ○표 하세요.

(1) 늦은 밤까지 등불을 켜고 책을 썼기 때문에 ( )

(2) 한밤중에도 등불을 들고 다니면서 환자들을 보살폈기 때문에 ( )

(3) 어두컴컴한 병실에서 지내는 환자들에게 등불을 나누어 주었기 때문에 ( )

4

추론

이 글을 읽고 든 생각을 알맞게 말한 친구의 이름을 쓰세요.

경수: 나이팅게일은 다른 사람들에게 인정받을 만큼 훌륭한 일을 많이 했어.
지희: 나이팅게일은 사람들에게 존경받는 직업을 갖기 위해 꾸준히 노력했어.
영현: 나이팅게일은 집이 가난한데도 열심히 공부해서 자신의 꿈을 이루었어.

( )

어떻게 알았나요?

나이팅게일이 간호사가 되겠다고 결심했던 때, 사람들은 간호사라는 직업을 ☐☐했어요.

3 혼자서는 자라지 못하는 식물

과학 | 674자

교과 연계
국어 2-1 겪은 일을 나타내요

식물의 줄기는 위를 향해 곧게 뻗어 있는 경우가 많아요. 줄기는 식물이 쓰러지지 않도록 지탱하는 역할을 하기 때문이에요. 하지만 어떤 식물은 줄기가 가늘고 약해서 혼자 힘으로 곧게 서지 못해요. 그래서 주변에 있는 다른 물건을 감고 올라가며 자라는데, 이러한 식물을 '덩굴 식물'이라고 해요.

나팔꽃은 대표적인 덩굴 식물이에요. 나팔꽃 줄기는 처음에는 곧게 자라다가, 잎이 많아져서 무거워지면 감고 올라갈 물건을 찾아요. 이때 근처에 지지대를 세워 주면 나팔꽃 줄기가 지지대를 빙글빙글 감으면서 자라요. 나팔꽃 줄기에는 잔털이 많이 나 있어서 미끄러지지 않고 지지대를 감을 수 있지요. 나팔꽃 줄기는 신기하게도 한 방향으로만 지지대를 감으며 올라가요.

▲ 나팔꽃 줄기

덩굴 식물 중에는 특이한 모양의 '덩굴손'을 가진 식물도 있어요. 포도나무는 줄기에서 가늘고 길고 끝이 꼬불꼬불 말려 있는 덩굴손이 나와요. 포도나무 줄기는 이 덩굴손으로 지지대를 휘감으며 올라가요. 포도나무는 덩굴손 덕분에 포도가 주렁주렁 열려도 쓰러지지 않고 계속 자랄 수 있답니다.

▲ 포도나무 덩굴손

덩굴 식물이 이렇게 다른 물건을 감고 올라가며 자라는 이유는 햇빛을 충분히 받기 위해서예요. 식물의 줄기가 약해서 곧게 자라지 못하면, 주변의 키 큰 식물에 가려져 햇빛을 받기 어렵거든요. 그래서 덩굴 식물은 다른 물건을 이용하여 위로 올라가 햇빛을 듬뿍 받는 것이지요.

어휘 풀이

- □ **줄기** 식물을 받치고 뿌리에서 빨아들인 물이나 양분을 나르며, 잎이나 가지, 열매 등이 붙는 부분.

- □ **지탱하는** 어떤 것을 버티거나 견디거나 유지하는.
- □ **지지대** 어떤 것을 받쳐 주는 긴 막대.
- □ **휘감으며** 덩굴이나 뱀 등이 그 몸으로 다른 것을 마구 둘러서 감으며.

전략 적용

1 중심 생각

이 글의 중심 낱말은 무엇인가요? (   )

① 잔털 ② 햇빛 ③ 덩굴손
④ 지지대 ⑤ 덩굴 식물

2 내용 이해

이 글의 내용으로 알맞지 않은 것은 무엇인가요? (   )

① 덩굴 식물의 줄기는 두껍고 강하다.
② 줄기는 식물을 지탱하는 역할을 한다.
③ 나팔꽃 줄기에는 잔털이 많이 나 있다.
④ 나팔꽃 줄기는 한 방향으로만 지지대를 감는다.
⑤ 포도나무 줄기의 덩굴손은 끝이 꼬불꼬불 말려 있다.

어떻게 알았나요?

덩굴 식물은 혼자 힘으로 ☐☐ 서지 못해요.

3 내용 이해

포도나무의 덩굴손이 어떤 역할을 하는지 (   )에서 알맞은 낱말을 골라 ○표 하세요.

포도나무의 덩굴손은 지지대를 (밀어내서 / 휘감아서) 포도가 주렁주렁 열려도 포도나무가 (서지 / 쓰러지지) 않게 한다.

4 창의

다음 그림 속 나팔꽃이 잘 자라게 하려면 어떻게 해야 할지 알맞은 것에 ○표 하세요.

(1) 화분에 기다란 막대기를 꽂는다. (   )
(2) 화분을 햇빛이 들지 않는 곳으로 옮긴다. (   )
(3) 화분 주위에 키 큰 식물이 자라는 화분들을 둔다. (   )

어휘 익히기

1 다음 낱말의 뜻으로 알맞은 것을 찾아 선으로 이으세요.

(1) 지탱하는 •

(2) 휘감으며 •

(3) 소화하도록 •

• ① 어떤 것을 버티거나 견디거나 유지하는.

• ② 덩굴이나 뱀 등이 그 몸으로 다른 것을 마구 둘러서 감으며.

• ③ 먹은 음식물을 뱃속에서 작게 쪼개어 영양분으로 빨아들이도록.

2 빈칸에 알맞은 낱말을 보기 에서 찾아 쓰세요.

보기: 병사 줄기 혈관

(1) 식물의 잎과 □□가 누렇게 변해 버렸다.

(2) 전쟁이 길어지면서 □□들이 많이 지쳤다.

(3) 심장에서 나온 피는 □□을 타고 몸의 곳곳으로 이동한다.

3 밑줄 친 낱말이 알맞게 쓰이지 않은 것에 ∨표 하세요.

(1) 피아노를 꾸준히 배웠지만 아직 실력이 충분한 듯하다. □

(2) 동물병원은 다치거나 병에 걸린 동물들을 치료하는 곳이다. □

(3) 선생님의 모범적인 삶은 학생들에게 훌륭한 본보기가 되었다. □

4 '특이하다'와 뜻이 비슷한 낱말을 보기 에서 찾아 쓰세요.

비슷한 말

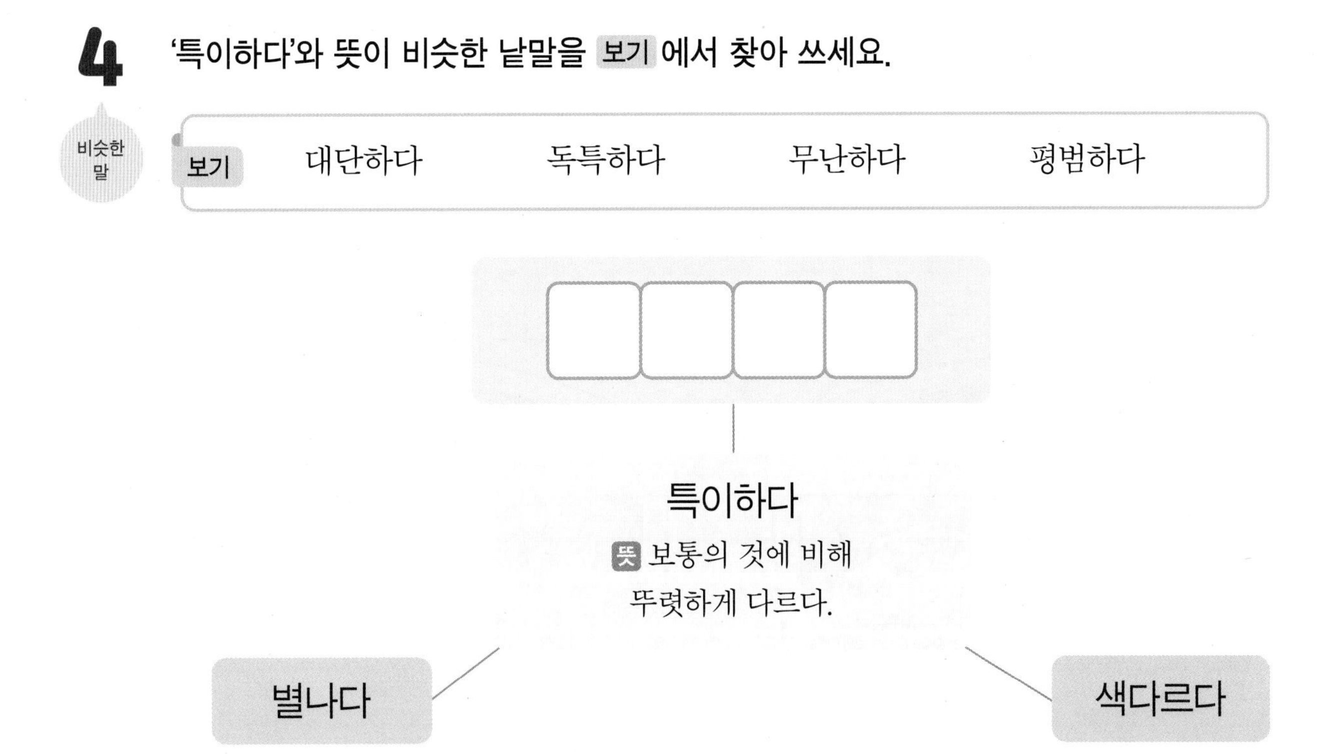

5 다음을 읽고, 밑줄 친 말이 어울리는 상황에 ∨표 하세요.

관용 표현

운동선수들은 경기를 시작하기 전에 진지한 표정으로 주먹을 쥐고는 해요. 이번 경기에서 꼭 이기겠다는 굳센 의지를 나타내는 것이지요. 운동선수들이 주먹을 불끈 쥐며 승리를 다짐하는 것처럼, '주먹을 불끈 쥐다.'라는 말은 어떤 일을 꼭 이루고 싶어서 마음을 굳게 먹는다는 뜻이에요.

(1) 줄넘기 대회에서 1등을 한 친구를 축하해 주는 상황. ☐

(2) 줄넘기를 열심히 연습해 대회에서 1등을 해 보겠다고 결심하는 상황. ☐

글의 내용 확인하기

개념 이해

두 개의 상자 중에서 보물이 든 상자를 찾으려면 어떻게 해야 할까요? 글에서 설명하는 공룡의 모습과 상자의 그림이 같은지 다른지 살펴보아야겠지요. 글의 내용을 확인할 때도 마찬가지예요. 우선 글에서 무엇을 설명하는지 생각하며 글을 꼼꼼하게 읽어 보세요. 그런 다음, 글의 내용과 문제에 제시된 내용을 비교해서 알맞은 것을 찾아요.

이렇게 해요!

① 무엇에 대해 설명하고 있는지 생각하며 글을 읽어요.

② 글의 내용과 문제에서 제시하는 내용이 일치하는지 살펴보아요.

예 소고는 손잡이가 달린 작은 북을 두드려서 소리를 내는 전통 악기예요. 소고는 세 부분으로 이루어져 있어요. 북의 앞면과 뒷면은 '북면'이라고 해요. 소고에 달린 손잡이는 '자루'라고 불러요. 북을 두드리는 데 쓰는 나무 막대는 '북채'예요.

└→ (1) 소고에 달린 손잡이의 이름은 자루이다. (○)
(2) 소고에 달린 손잡이의 이름은 북채이다. (×)

내가 알고 있는 내용이 아니라 글에 나와 있는 내용을 찾아야 해!

확인 문제

■ 다음 글의 내용으로 알맞지 않은 것에 ×표 하세요.

해달은 바다에 사는 동물이에요. 땅 위에 올라갈 때도 있지만, 대부분의 시간을 바다에서 보내요. 해달은 잠을 잘 때도 바다에 누워서 자요. 자는 동안 물결에 떠내려가지 않도록 커다란 해초를 자기 몸에 감아요. 그리고 해달은 성게, 물고기, 조개 등 다양한 먹이를 좋아해요. 해달은 바다에 누운 채로 배 위에 먹이를 올려 두고 먹어요.

해달이 자는 동안 물결에 떠내려가지 않으려고 어떤 행동을 하는지 살펴보자.

(1) 해달은 배 위에 먹이를 올려 두고 먹는다. (　　)

(2) 해달은 대부분의 시간을 바다에서 보낸다. (　　)

(3) 해달은 추위를 견디기 위해 해초를 몸에 감는다. (　　)

꿀벌은 어떻게 생활할까?

과학 617자

꿀벌은 무리를 지어 생활하는 곤충이에요. 한집에 여럿이 모여 서로 도우며 살지요. 꿀벌에는 일벌, 여왕벌, 수벌이 있어요. 몸집은 일벌이 가장 작고, 여왕벌이 가장 크며, 수벌은 그 중간 크기예요. 일벌, 여왕벌, 수벌은 각자 맡은 일이 달라요.

꿀벌 중에서 가장 많은 일을 하는 것은 일벌이에요. 일벌은 노란 밀랍을 만들어서 벌집을 짓고, 벌집 구석구석을 청소하거나 망가진 곳을 고쳐요. 꿀벌들의 먹이인 꿀을 모아 벌집으로 가져가는 것도 일벌의 일이에요. 벌집을 위협하는 적이 나타나면, 일벌은 꼬리 끝에 달린 독침으로 적을 공격해서 벌집을 지켜요. 일벌은 벌집에서 알과 애벌레를 돌보는 일도 해요.

여왕벌과 수벌은 짝짓기를 해서 알을 낳아요. 여왕벌은 한 번에 많은 알을 낳는데, 대부분 일벌로 자라나요. 여왕벌은 일벌과 마찬가지로 독침이 있어요. 이 독침은 다른 여왕벌과 싸울 때만 사용해요. 수벌은 독침이 없어서 적을 공격하지 못해요.

하나의 벌집에는 엄청나게 많은 수의 일벌과 약간의 수벌이 있고, 여왕벌은 딱 한 마리만 살아요. 그런데 여왕벌이 계속 알을 낳다 보면 새로운 여왕벌이 태어나요. 그러면 원래 있던 여왕벌은 일벌들 가운데 절반 정도를 데리고 다른 곳으로 가서 새 벌집을 만들어 살아요.

어휘 풀이

- □ **맡은** 어떤 일을 하기로 정한.
- □ **밀랍** 꿀벌이 벌집을 지으려고 만들어 내는 물질.
- □ **위협하는** 무서운 말이나 행동으로 상대방을 겁주는.
- □ **애벌레** 알에서 나와 다 자라지 않은 벌레.

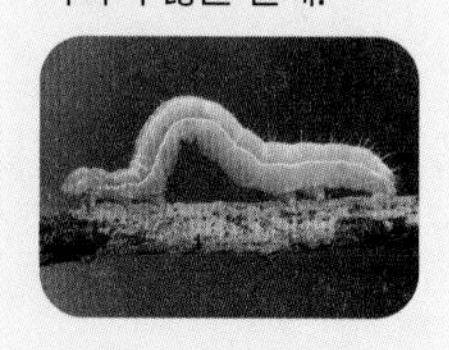

1 이 글에서 설명하는 것이 무엇인지 빈칸에 알맞은 낱말을 쓰세요.

중심 생각

무리를 지어 생활하는 곤충인 [ ][ ]

전략 적용

2 이 글의 내용으로 알맞은 것에 ○표 하세요.

내용 이해

(1) 여왕벌과 수벌은 독침이 없다. ( )

(2) 수벌은 꿀벌 중에서 몸집이 가장 작다. ( )

(3) 일벌, 여왕벌, 수벌은 각자 맡은 일이 다르다. ( )

3 일벌이 하는 일이 아닌 것은 무엇인가요? ( )

내용 이해

① 알과 애벌레를 돌본다.

② 꿀을 모아 벌집으로 가져간다.

③ 수벌과 짝짓기를 해서 알을 낳는다.

④ 벌집을 청소하고 망가진 곳을 고친다.

⑤ 독침으로 적을 공격해서 벌집을 지킨다.

4 다음 사진을 보고 짐작한 내용으로 알맞지 않은 것에 ×표 하세요.

추론

▲ 벌집

(1) 밀랍이 노란색이라서 벌집도 노란색일 것이다. ( )

(2) 벌집 안에 알과 애벌레가 자라는 곳이 있을 것이다. ( )

(3) 벌집의 크기가 클수록 여왕벌이 많이 살고 있을 것이다. ( )

어떻게 알았나요?

하나의 벌집에는 [ ][ ][ ]이 딱 한 마리만 살아요.

2 선생님의 다정한 편지

생활 | 696자

교과 연계
나 2-1 좋은 습관, 나쁜 습관

유진이에게

유진아, 안녕? 담임 선생님이야.

선생님이 유진이에게 해 주고 싶은 말이 있어서 편지를 써. 요즘 유진이가 손톱을 물어뜯는 행동을 해서 선생님이 걱정하고 있거든. ㉠손톱을 물어뜯는 것은 좋지 않은 버릇이야. 왜 그런지 설명해 줄게.

우리 눈에 보이지는 않지만, 손에는 세균이 많이 살고 있어. 그리고 세균이 입속에 들어가면 배탈이 나거나 병에 걸릴 수 있지. 손에 세균이 많은 이유는 우리가 손으로 다양한 일을 하기 때문이야. 연필을 쥐고, 숟가락을 들고, 흙장난을 하는 것 모두 손으로 하는 일이야. 이렇게 손으로 이것저것 만지다 보면 다른 물건에 있던 세균이 손에 묻기 쉬워. 특히 손톱 밑의 틈은 아주 좁아서, 손을 씻어도 세균이 남아 있을 때가 많단다. 그러니 손톱을 물어뜯는 것은 손톱 밑에 있는 세균을 먹는 것과 다름없어.

또 손톱을 물어뜯어서 짧아지면 손끝에 상처가 자주 생길 수 있어. 단단한 손톱은 마치 방패처럼 손끝을 지켜 주는 역할을 해. 손톱이 짧으면 여린 손끝을 제대로 보호할 수 없겠지? 그래서 다칠 위험이 커진단다.

선생님은 유진이가 손톱을 물어뜯는 버릇을 꼭 고쳤으면 좋겠어. 자기도 모르게 나오는 버릇을 고치는 일이 어려울 수도 있겠지만, 유진이라면 해낼 거라고 믿어. 선생님도 도와줄 테니 함께 노력해 보자.

그럼 주말 재밌게 보내고, 월요일에 씩씩한 모습으로 만나자!

20○○년 ○월 ○일

유진이를 사랑하는 선생님이

어휘 풀이

- □ **버릇** 오랫동안 자꾸 반복하여 몸에 익숙해진 행동.
- □ **세균** 사람들을 병에 걸리게 하거나 음식을 썩게 하는 아주 작은 생물.
- □ **여린** 부드럽거나 약한.
- □ **보호할** 위험하거나 곤란하지 않게 지키고 보살필.
- □ **노력해** 어떤 목적을 이루기 위하여 힘을 들이고 애를 써.

1

기초

㉠을 끊어 읽는 방법을 알맞게 말한 친구의 이름을 쓰세요.

민정: '손톱을 / 물어뜯는 것은 좋지 않은 버릇이야.'라고 끊어 읽어야 해.
승민: '손톱을 물어뜯는 것은 / 좋지 않은 버릇이야.'라고 끊어 읽어야 해.

( )

2

중심 생각

선생님이 유진이에게 편지를 쓴 까닭으로 알맞은 것에 ○표 하세요.

(1) 손톱이 자라는 과정을 알려 주려고 ( )

(2) 손톱을 기르는 버릇이 왜 나쁜지 알려 주려고 ( )

(3) 손톱을 물어뜯으면 안 되는 까닭을 알려 주려고 ( )

어떻게 알았나요?

선생님께서는 유진이가 손톱을 □□□□ 행동을 해서 걱정하고 있어요.

3

내용 이해

전략 적용

이 글의 내용으로 알맞지 않은 것은 무엇인가요? ( )

① 손에는 세균이 많이 살고 있다.
② 손톱은 손끝을 지켜 주는 역할을 한다.
③ 세균이 입속에 들어가면 병에 걸릴 수 있다.
④ 손톱이 짧아지면 손끝에 상처가 자주 생길 수 있다.
⑤ 손을 씻으면 손톱 밑에 있는 세균이 완전히 없어진다.

4

평가

다음은 이 글을 읽고 든 생각을 적은 것입니다. ( )에서 알맞은 말을 골라 ○표 하세요.

나도 손톱을 물어뜯다 상처가 나서 (1) (편했던 / 아팠던) 적이 있어. 그래서 이 편지의 내용처럼 손톱을 물어뜯는 버릇을 (2) (고쳐야 한다고 / 고칠 수 없다고) 생각해.

3

백일잔치에 먹는 떡

사회 | 566자

백일잔치는 아기가 태어난 날로부터 백 번째 되는 날을 축하하는 잔치예요. 옛날에는 의술이 발달하지 않아서 아기가 태어나 백일을 넘기지 못하는 경우가 많았어요. 그래서 아기가 백 일 동안 건강하게 자라면 잔치를 열어 축하해 주었답니다. 이러한 백일잔치는 ㉠오늘날까지 이어지고 있어요.

잔칫날이 되면 백설기, 송편, 수수떡 등 여러 가지 백일 떡을 만들어 풍성하게 상을 차려요. 백일 떡에는 각각 다른 의미가 있어요. 백설기는 쌀을 쪄서 만든 새하얀 떡이에요. 하얀 빛깔만큼 아기가 순수하게 자라기를 바라는 마음이 담겨 있어요. 안에 소를 채운 송편은 아기가 속이 꽉 찬 의젓한 사람이 되기를 바라는 뜻에서 놓았어요. 수수떡은 빨간 팥가루를 묻혀 만드는데, 아기에게 좋은 일만 생기기를 바라는 의미가 있어요. 옛날 사람들은 팥의 빨간색이 나쁜 기운을 막아 준다고 믿었기 때문이에요.

백일 떡은 많은 사람과 나누어 먹어요. 백 명의 사람에게 백일 떡을 나누어 주어야 아기가 오래 산다는 이야기가 있거든요. 백일 떡을 받은 사람은 빈 떡 그릇에 돈이나 실, 소금을 담아 돌려주며 아기가 앞으로 건강하게 자라기를 빌어 줍니다.

어휘 풀이

- □ **의술** 병이나 상처를 고치는 기술.
- □ **차려요** 준비한 음식 등을 먹을 수 있게 상 위에 놓아요.
- □ **소** 송편이나 만두 등을 만들 때, 속에 넣는 여러 가지 재료.

- □ **의젓한** 말이나 행동 등이 점잖고 무게가 있는.
- □ **기운** 어떤 일이 일어나려고 하는 분위기.

전략 적용

1

내용 이해

이 글에서 알 수 있는 내용이 아닌 것은 무엇인가요? (　　　)

① 백일잔치는 오늘날까지 이어지고 있다.
② 백일잔치에서는 여러 가지 백일 떡을 만들어 상을 차린다.
③ 백일 떡을 받은 사람은 빈 떡 그릇을 깨끗이 씻어서 돌려준다.
④ 옛날에는 아기가 태어나 백일을 넘기지 못하는 경우가 많았다.
⑤ 백 명의 사람에게 백일 떡을 나누어 주면 아기가 오래 산다는 이야기가 있다.

2

내용 이해

각각의 백일 떡에 담긴 의미로 알맞은 것을 찾아 선으로 이으세요.

(1) 송편 •	• ① 아기가 순수하게 자라기를 바람.
(2) 백설기 •	• ② 아기가 의젓한 사람이 되기를 바람.
(3) 수수떡 •	• ③ 아기에게 좋은 일만 생기기를 바람.

3

표현 파악

다음 중 ㉠과 바꾸어 쓸 수 있는 낱말을 찾아 ○표 하세요.

예전　　지금　　훗날

4

추론

이 글을 읽고 짐작한 내용을 알맞게 말한 친구의 이름을 쓰세요.

수아: 백일 떡은 모두 팥가루를 묻혀 만들었을 거야.
정우: 백일 떡은 많은 사람이 먹을 수 있도록 넉넉히 만들었을 거야.
은하: 백일 떡을 나누어 줄 때 실과 소금도 그릇에 함께 담았을 거야.

(　　　　　　)

어떻게 알았나요?

백설기는 [　　] 을 쪄서 만든 새하얀 떡이에요.

어휘 익히기

1 다음 낱말의 뜻으로 알맞은 것을 찾아 선으로 이으세요.

(1) 애벌레 •　　　• ① 알에서 나와 다 자라지 않은 벌레.

(2) 의젓한 •　　　• ② 말이나 행동 등이 점잖고 무게가 있는.

(3) 위협하는 •　　　• ③ 무서운 말이나 행동으로 상대방을 겁주는.

2 빈칸에 알맞은 낱말을 보기 에서 찾아 쓰세요.

보기　기운　버릇　세균

(1) 어두운 골목에서 좋지 않은 [　][　]이 느껴졌다.

(2) 변기 주변에는 눈에 보이지 않는 [　][　]이 많다.

(3) 나는 부끄러울 때마다 머리를 긁는 [　][　]이 있다.

3 밑줄 친 낱말이 알맞게 쓰이지 <u>않은</u> 것에 V표 하세요.

(1) 쓰고 난 물건은 언제나 제자리에 <u>차려요</u>. □

(2) 어려운 문제도 혼자 힘으로 풀려고 <u>노력해</u> 보아야 한다. □

(3) 축구에서 골키퍼가 <u>맡은</u> 역할은 상대편이 찬 공을 막는 일이다. □

4 '여리다', '풍성하다'와 뜻이 반대되는 낱말을 보기 에서 찾아 각각 쓰세요.

반대되는 말

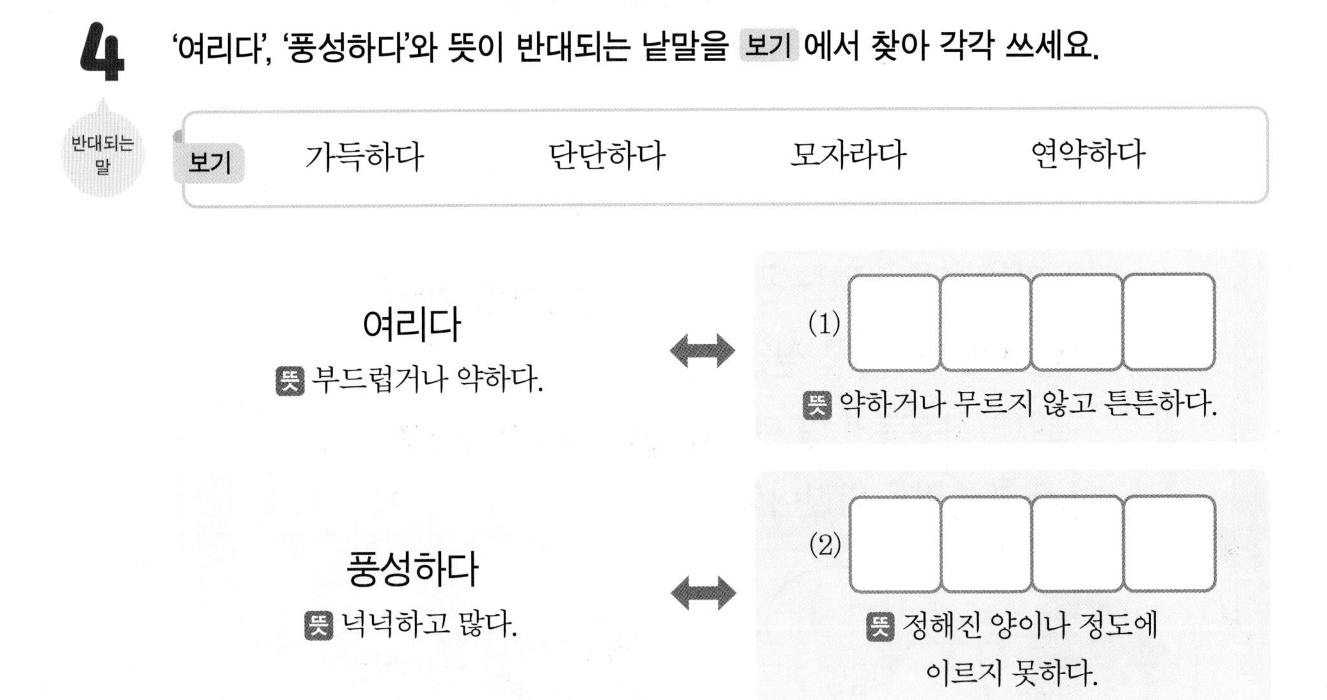

보기 가득하다 단단하다 모자라다 연약하다

여리다
뜻 부드럽거나 약하다.
↔ (1) □□□□
뜻 약하거나 무르지 않고 튼튼하다.

풍성하다
뜻 넉넉하고 많다.
↔ (2) □□□□
뜻 정해진 양이나 정도에 이르지 못하다.

5 다음을 읽고, (　　)에서 알맞은 낱말을 골라 ○표 하세요.

헷갈리는 말

낫다	낳다
뜻 병이나 상처 등이 없어져 본래대로 되다.	뜻 뱃속의 아이, 새끼, 알을 몸 밖으로 내보내다.

(1) 다친 곳에 약을 발라 주면 금방 (낫는다 / 낳는다).

(2) 우리 집 개가 강아지를 다섯 마리나 (나았다 / 낳았다).

누가 무엇을 했는지 알기

개념 이해

이야기를 읽을 때, 누가 무엇을 했는지를 알면 내용을 쉽게 이해할 수 있어요. 위의 이야기에서 '누가'에 해당하는 인물은 노인이에요. 그리고 이 노인이 무엇을 했는지는 노인이 한 말과 행동을 보면 알 수 있어요. 노인은 대나무 숲으로 가서 "임금님 귀는 당나귀 귀!"라고 외쳤네요. 이와 같이 인물의 말과 행동을 살펴보면서 누가 무엇을 했는지 알아보아요.

이렇게 해요!

① 이야기에 등장하는 인물을 찾아요.

② 인물이 한 말과 행동을 살피며 누가 무엇을 했는지 알아보아요.

이야기에서 사람처럼 행동하는 동물, 식물, 물건도 이야기 속 인물이야!

확인 문제

■ 다음 글을 읽고, 누가 무엇을 했는지 알맞은 것끼리 선으로 이으세요.

글에서 인물의 말과 행동을 잘 찾아봐!

옛날 어느 집안에 갓 시집온 색시가 있었어요. 그런데 언제부터인가 색시의 얼굴이 노랗게 변하기 시작했어요. 걱정이 된 시어머니가 색시에게 물었어요.

"아가야, 얼굴이 왜 그리 노랗게 되었니?"

색시는 부끄러워하며 대답했어요.

"제가 방귀를 계속 참아서 그렇습니다. 제 방귀는 엄청 세거든요."

색시의 말에 시어머니는 껄껄 웃으며 말했어요.

"사람 방귀가 세면 얼마나 세겠니. 나는 괜찮으니 지금부터 마음껏 방귀를 뀌거라."

색시는 새어 나오는 방귀를 더는 참지 못할 것 같았어요.

"그럼 제가 방귀를 뀔 테니 문고리를 단단히 붙잡고 계세요."

색시는 이불을 머리끝까지 뒤집어쓰고 방귀를 뿡 뀌었어요. 그러자 강한 바람이 불더니 집이 흔들리기 시작했어요.

—「방귀쟁이 며느리」 중

(1) 색시 •　　　　• ① 껄껄 웃으며 마음껏 방귀를 뀌라고 말했다.

(2) 시어머니 •　　　　• ② 이불을 머리끝까지 뒤집어쓰고 방귀를 뀌었다.

바람과 빈 병 | 문삼석

동시 | 97자

바람이
숲속에 버려진 빈 병을 보았습니다.

㉠"쓸쓸할 거야."

바람은 함께 놀아 주려고
빈 병 속으로 들어갔습니다.

병은
기분이 좋았습니다.

㉡"보오, 보오."

맑은 소리로
휘파람을 불었습니다.

어휘 풀이

- □ **쓸쓸할** 마음이 외롭고 허전할.
- □ **기분** 기쁨, 즐거움, 슬픔 등의 감정 상태.
- □ **휘파람** 입술을 동그랗게 오므리고 그 사이로 입김을 불어서 내는 소리.

1 중심 생각

이 시에서 바람이 본 것이 무엇인지 빈칸에 알맞은 낱말을 쓰세요.

숲속에 ☐☐☐ 빈 ☐

전략 적용

2 내용 이해

이 시에서 바람이 한 행동은 무엇인가요? (　　　)

① 빈 병 밖을 맴돌았다.

② 빈 병 속으로 들어갔다.

③ 빈 병에게 이야기를 들려주었다.

④ 빈 병에게 휘파람을 불어 주었다.

⑤ 빈 병을 보고 맑은 소리로 웃었다.

3 내용 이해

바람이 ㉠을 말할 때 했을 생각으로 알맞은 것에 ○표 하세요.

(1) '혼자 있는 빈 병이 쓸쓸해 보여. 빈 병과 놀아 주고 싶어.' (　　　)

(2) '빈 병이 놀아 주지 않아서 쓸쓸해. 다른 곳으로 가야겠어.' (　　　)

(3) '숲속이 조용해서 빈 병이 쓸쓸할 것 같아. 노래라도 불러 주어야지.' (　　　)

4 ★추론

㉡에 나타난 빈 병의 마음을 알맞게 짐작한 것은 무엇인가요? (　　　)

① 귀찮다.　② 그립다.　③ 반갑다.

④ 답답하다.　⑤ 서운하다.

어떻게 알았나요?

빈 병은 ☐☐이 좋아서 휘파람을 불었어요.

커다란 순무

동화 | 620자

어느 화창한 봄날, 할아버지가 밭에 순무씨 한 알을 심었어요. 할아버지는 매일 물을 주며 순무를 정성껏 키웠어요. 어느새 순무가 아주 커다랗게 자랐어요. 할아버지는 순무를 뽑기로 했어요. 그런데 순무가 어찌나 큰지 아무리 잡아당겨도 뽑히지 않았어요.

"할멈, 나 좀 도와줘요!"

할아버지가 외치는 소리를 듣고 할머니가 다가왔어요. 할아버지와 할머니는 힘을 합쳐 순무를 잡아당겼어요. 그래도 순무는 꿈쩍하지 않았어요. 이번에는 할머니가 손녀를 불렀어요.

"얘야, 우리를 좀 도와주렴!"

그러자 손녀가 뛰어왔어요. 할아버지, 할머니, 손녀는 다시 한번 순무를 힘껏 잡아당겼어요. 하지만 순무는 여전히 그대로였어요.

"제가 다른 친구들도 데려올게요!"

손녀는 집에 들어가 개와 고양이, 생쥐를 데리고 나왔어요. 할아버지, 할머니, 손녀, 개, 고양이, 생쥐는 얼굴이 새빨개질 정도로 온 힘을 다해 순무를 잡아당겼어요.

"영차, 영차, 영차!"

마침내 순무가 쑥 하고 뽑혔어요. 사람만큼 커다란 순무를 보고 모두 눈이 휘둥그레졌어요.

㉠"우아, 우리가 이렇게나 큰 순무를 뽑았어!"

그날 저녁, 할머니는 커다란 순무를 숭숭 썰어 수프를 만들었어요. 할아버지, 할머니, 손녀, 개, 고양이, 생쥐는 맛있는 순무 수프를 배부르게 먹었어요.

어휘 풀이

- □ **순무** 뿌리가 통통하며 물이 많고 흰색, 붉은색, 자주색을 띠는 채소.

- □ **정성껏** 올바르고 성실한 마음으로 온갖 힘을 다하여.
- □ **손녀** 아들의 딸. 또는 딸의 딸.
- □ **여전히** 전과 같이.
- □ **휘둥그레졌어요** 놀라거나 무서워서 눈이 크고 둥그렇게 되었어요.

1 이 글의 내용으로 알맞지 않은 것에 ×표 하세요.

내용 이해

(1) 순무가 아주 커다랗게 자랐다. (　　)

(2) 순무가 꿈쩍하지 않자 할머니가 할아버지를 불렀다. (　　)

(3) 사람만큼 커다란 순무를 보고 모두 눈이 휘둥그레졌다. (　　)

어떻게 알았나요?

[　][　][　]는 손녀에게 "얘야, 우리를 좀 도와주렴!"이라고 말했어요.

전략 적용

2 이 글에서 누가 무엇을 했는지 알맞은 것끼리 선으로 이으세요.

내용 이해

(1) 손녀 •　　　　• ① 밭에 순무씨 한 알을 심었다.

(2) 할머니 •　　　　• ② 순무를 썰어 수프를 만들었다.

(3) 할아버지 •　　　　• ③ 집에 들어가 개와 고양이, 생쥐를 데리고 나왔다.

3 ㉠을 말하는 목소리로 알맞은 것은 무엇인가요? (　　)

추론

① 화난 목소리　② 걱정하는 목소리　③ 기뻐하는 목소리
④ 속상해하는 목소리　⑤ 부끄러워하는 목소리

4 이 글의 내용과 비슷한 경험을 말한 친구의 이름을 쓰세요.

창의

희재: 친한 친구와 다투고 며칠 동안 후회했던 적이 있어.
주연: 동생과 함께 무거운 책상을 옮기고 뿌듯했던 적이 있어.

(　　　　)

까마귀와 물병 | 이솝

동화 | 608자

햇볕이 쨍쨍한 여름날이었어요. 까마귀 한 마리가 땀을 뻘뻘 흘리며 물을 찾고 있었어요. 까마귀는 하루 종일 물을 한 모금도 마시지 못했어요. 목이 탄 까마귀는 냇가로 가 보았어요. 하지만 물은 바짝 말라 있었어요.

"아유, 목말라! 대체 물은 어디에 있는 거야?"

까마귀는 한참을 두리번거렸어요. 그때 풀밭 위에서 물병 하나를 발견했어요. 물병을 들여다보니 안에 물이 반쯤 차 있었어요. 까마귀는 재빨리 물병 안으로 부리를 집어넣었어요. 하지만 아무리 애를 써도 물을 마실 수 없었어요. 물병의 입구가 길고 좁아서 부리가 닿지 않았기 때문이에요. 까마귀는 기운이 빠졌어요.

"겨우 찾은 물인데 마실 수가 없다니……. 무슨 방법이 없을까?"

고민하던 까마귀는 주위를 둘러보았어요. 마침 풀밭에 깔린 돌멩이들이 눈에 띄었어요.

"그래, 좋은 생각이 떠올랐어!"

까마귀는 작은 돌멩이를 하나씩 물어 와 물병에 넣었어요. 물병 안에 돌멩이가 쌓일 때마다 물이 점점 차올랐지요. 까마귀는 힘이 들었지만 계속 돌멩이를 옮겼어요.

어느새 물병의 입구까지 물이 올라왔어요. 까마귀는 물병에 부리를 집어넣고 물을 쭉쭉 마셨어요.

"아, 시원해! 이제 살 것 같아!"

실컷 물을 마신 까마귀는 다시 하늘 높이 날아갔어요.

어휘 풀이

- □ **목이 탄** 심하게 목이 마른.
- □ **말라** 물기가 다 날아가서 없어져.

- □ **들여다보니** 밖에서 안을 보니.
- □ **띄었어요** 눈에 보였어요.
- □ **쌓일** 여러 개의 물건이 겹겹이 포개어져 놓일.

1

내용 이해

까마귀가 물병에 든 물을 마시지 못한 까닭으로 알맞은 것에 ○표 하세요.

(1) 물병을 들 힘이 없어서 ( )

(2) 물병의 입구가 길고 좁아서 ( )

(3) 물병이 시냇물 위에 떠 있어서 ( )

2

전략 적용

내용 이해

까마귀가 물병에 든 물을 마시기 위해 무엇을 했는지 빈칸에 알맞은 낱말을 쓰세요.

작은 [ ][ ][ ]를 하나씩 물어 와 [ ][ ]에 넣었다.

3

★ 추론

이 글에서 까마귀가 느꼈을 마음을 알맞게 짐작하지 못한 친구의 이름을 쓰세요.

지혜: 풀밭에서 물병을 발견했을 때 못마땅했을 거야.

영진: 부리가 물에 닿지 않았을 때 실망스러웠을 거야.

미현: 물병의 입구까지 물이 올라왔을 때 뿌듯했을 거야.

( )

4

창의

이 글을 읽고 까마귀에게 해 줄 수 있는 말로 알맞은 것은 무엇인가요? ( )

① 다른 까마귀에게 물을 양보하다니 대단해.

② 짧은 부리 덕분에 쉽게 물을 마실 수 있었구나.

③ 실컷 물을 마셨는데도 투덜대다니 욕심이 많구나.

④ 추운 겨울날에 물을 구하러 다니느라 고생했겠어.

⑤ 포기하지 않고 문제를 해결하는 모습이 본받을 만해.

어떻게 알았나요?

까마귀는 계속 돌멩이를 옮겨서 결국 [ ]을 마셨어요.

어휘 익히기

1 다음 낱말의 뜻으로 알맞은 것을 찾아 선으로 이으세요.

(1) 쌍일 •　　　• ① 여러 개의 물건이 겹겹이 포개어져 놓일.

(2) 정성껏 •　　　• ② 올바르고 성실한 마음으로 온갖 힘을 다하여.

(3) 휘파람 •　　　• ③ 입술을 동그랗게 오므리고 그 사이로 입김을 불어서 내는 소리.

2 빈칸에 알맞은 낱말을 보기 에서 찾아 쓰세요.

보기　기분　말라　손녀

(1) 할머니께서 어린 ☐☐에게 책을 읽어 주셨다.

(2) 오랜만에 사촌 형을 만날 생각에 ☐☐이 좋아졌다.

(3) 따스한 햇볕 덕분에 빨래가 금방 ☐☐ 보송해졌다.

3 밑줄 친 낱말이 알맞게 쓰이지 않은 것에 V표 하세요.

(1) 어제부터 내린 비가 오늘은 여전히 그쳤다. ☐

(2) 풀숲 사이에 핀 노란 민들레가 눈에 띄었어요. ☐

(3) 내가 학교에 가면 강아지가 혼자 남아 쓸쓸할 것 같다. ☐

4 '들어가다', '커다랗다'와 뜻이 반대되는 낱말을 보기 에서 찾아 각각 쓰세요.

반대되는 말

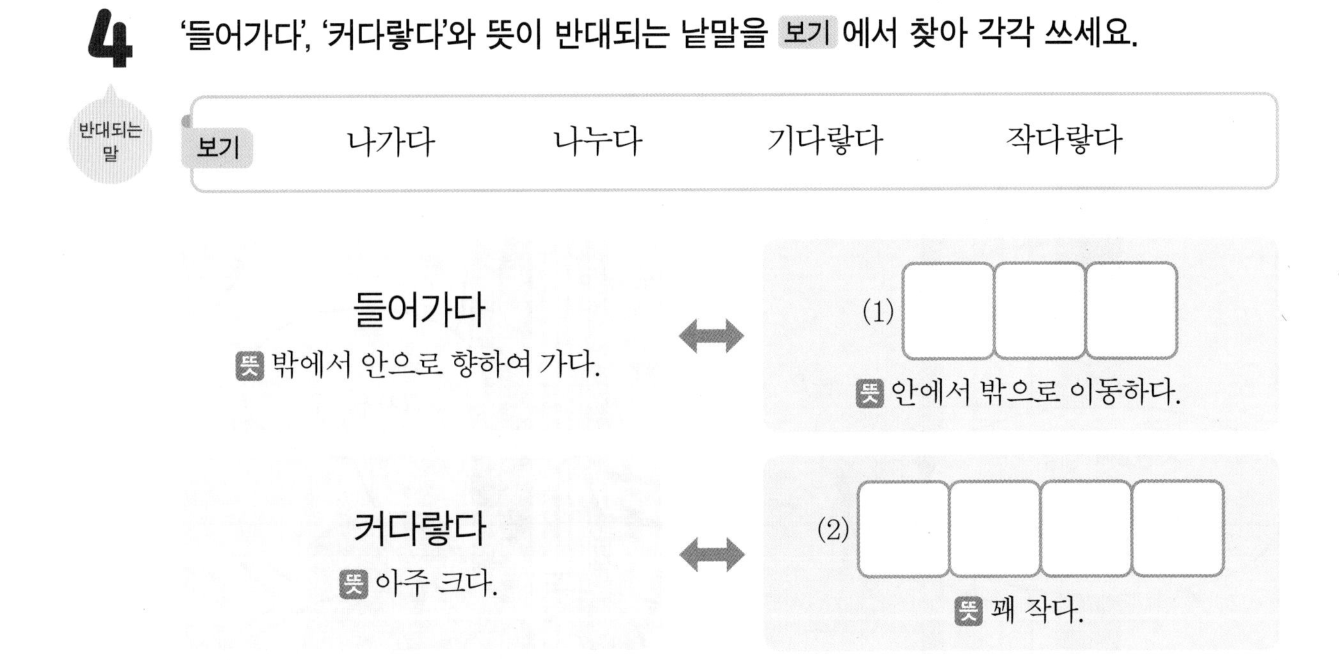

보기 나가다 나누다 기다랗다 작다랗다

들어가다
뜻 밖에서 안으로 향하여 가다.
↔ (1) □□□
뜻 안에서 밖으로 이동하다.

커다랗다
뜻 아주 크다.
↔ (2) □□□□
뜻 꽤 작다.

5 다음을 읽고, 밑줄 친 말이 어울리는 상황에 V표 하세요.

관용 표현

김이 모락모락 나는 무지개떡이 접시에 담겨 있네요. 먹음직스러운 떡을 보니 입에 군침이 돌지 않나요? 하지만 이 떡은 먹을 수 없어요. 진짜 떡이 아니라 종이에 그려진 그림이기 때문이에요. '그림의 떡'은 이처럼 마음에 들어도 실제로 쓸 수 없거나 가질 수 없는 것을 이르는 말이에요.

(1) 엄마가 만들어 주신 간식을 동생과 나누어 먹는 상황. □

(2) 지갑을 두고 나와 붕어빵을 보면서도 사지 못하는 상황. □

읽기 전략 6

인물의 생각 알기

개념 이해

자린고비 영감이 부채 앞에서 고개를 흔들고 있어요. 부인이 왜 그런 행동을 하냐고 묻자, 자린고비 영감은 "그래야 부채가 닳지 않지요!"라고 대답해요. 자린고비 영감은 부채를 흔들면 부채가 닳아서 오래 쓰지 못할 거라고 생각한 거예요. 이처럼 인물이 한 말과 행동을 살피면 인물의 생각을 알 수 있어요.

이렇게 해요!

① 인물이 한 말과 행동을 살펴보고, 인물의 생각을 알아보아요.

② 인물의 생각은 작은따옴표로 나타나 있기도 해요.

예 '시원한 물을 마시고 싶어.'

인물의 생각과 나의 생각은 다를 수도 있어!

확인 문제

■ 다음 글을 읽고, ㉠에서 알 수 있는 마을 사람들의 생각으로 알맞은 것에 ○표 하세요.

양치기 소년은 양을 돌보는 일이 너무 지루했어요. 그래서 재미 삼아 마을 사람들을 속여 보기로 했어요.

"늑대가 나타났어요! 도와주세요!"

놀란 마을 사람들은 양들이 있는 곳으로 달려갔어요. 하지만 양들은 평화롭게 풀을 뜯어 먹고 있었지요.

"뭐야, 늑대가 어디 있다는 거야?"

양치기 소년은 어리둥절해하는 사람들을 보고 킬킬대며 웃었어요.

며칠 후, 양치기 소년은 또다시 늑대가 나타났다고 외쳤어요. 마을 사람들은 양들이 있는 곳으로 달려갔지만, 역시나 늑대는 없었어요.

"또 거짓말이야? 앞으로 네 녀석 말을 믿나 봐라!"

그러던 어느 날, 양치기 소년 앞에 정말로 늑대가 나타났어요.

"늑대예요! 늑대가 나타났어요!"

㉠"네 말을 누가 믿니? 우리가 세 번이나 속을 줄 알아?"

마을 사람들은 아무도 소년을 도우러 가지 않았어요.

— 이솝, 「양치기 소년」 중

마을 사람들이 왜 이런 말과 행동을 했을지 생각해 봐.

(1) '양치기 소년이 또 거짓말을 했을 리가 없어.' (   )

(2) '양치기 소년은 이번에도 거짓말을 했을 거야.' (   )

사자와 모기 | 장 드 라퐁텐

동화 | 642자

어느 초원에서 ㉠사자가 코를 골며 낮잠을 자고 있었어요. 그때 모기 한 마리가 사자의 귓가를 맴돌았어요. 모기가 앵앵거리는 소리에 사자는 잠을 깨고 말았어요.

"감히 ㉡동물의 왕을 깨우다니, 누구냐?"

사자는 모기를 발견하고 앞발을 휘둘렀어요. 하지만 모기는 사자의 앞발을 피해 이리저리 도망쳤어요. 모기는 헛발질만 하는 사자를 놀렸어요.

"네 커다란 덩치도 별로 쓸모가 없구나? 네가 동물의 왕이라면 ㉢나를 잡아 봐."

모기는 사자의 몸을 물기 시작했어요. 팔도 물고, 다리도 물고, 등도 물어 댔어요. 사자가 사납게 으르렁거려도 모기는 전혀 무서워하지 않았어요. 몸이 점점 가려워지자 사자는 참을 수가 없었어요.

"아휴, 귀찮아! ㉣내가 자리를 떠야겠다."

사자는 투덜거리며 다른 곳으로 떠났어요. 모기는 우쭐했어요.

"내가 ㉤세상에서 가장 강한 동물을 이겼어! 이제 내가 동물의 왕이다!"

모기는 신이 나서 날아다녔어요. 다른 동물들에게 자랑하느라 앞을 제대로 살피지 않았지요. 그러다 나무 틈에 있던 거미줄에 걸리고 말았어요.

"뭐야? 몸이 안 움직여!"

모기는 끈끈한 거미줄에서 벗어나려고 날개를 파닥거렸지만 소용없었어요. 거미는 붙잡힌 모기를 보고 서서히 다가왔어요. 모기는 몸을 축 늘어뜨리며 생각했어요.

'조금만 더 조심했더라면 이렇게 죽지는 않았을 텐데…….'

어휘 풀이

- **초원** 풀이 난 들판.

- **맴돌았어요** 어떤 것의 주위에서 둥글게 빙빙 돌았어요.
- **헛발질** 목표물에 맞지 않고 빗나간 발길질.
- **우쭐했어요** 자신 있게 뽐냈어요.
- **서서히** 조금씩 느리게.

1 이 글의 내용으로 알맞지 않은 것은 무엇인가요? (　　)

내용 이해

① 모기가 사자의 몸을 물었다.

② 사자가 초원에서 낮잠을 잤다.

③ 사자가 앞발을 휘둘러서 모기를 잡았다.

④ 모기가 나무 틈에 있던 거미줄에 걸렸다.

⑤ 모기가 거미줄에서 벗어나려고 했지만 소용없었다.

어떻게 알았나요?

모기는 사자의 [　][　] 을 피해 이리저리 도망쳤어요.

전략 적용

2 사자에 대한 모기의 생각으로 알맞은 것에 ○표 하세요.

내용 이해

(1) '사자에게 덤비는 건 너무 위험해.' (　　)

(2) '나는 덩치만 큰 사자가 두렵지 않아.' (　　)

(3) '동물의 왕인 사자와 사이좋게 지내고 싶어.' (　　)

3 ㉠~㉤ 중 가리키는 것이 다른 하나는 무엇인가요? (　　)

내용 이해

① ㉠　② ㉡　③ ㉢　④ ㉣　⑤ ㉤

4 이 글을 읽고 거미줄에 걸린 모기의 마음을 알맞게 짐작한 친구의 이름을 쓰세요.

추론

수지: 모기는 끈끈한 거미줄을 친 거미가 부러웠을 거야.

찬호: 모기는 다른 곳으로 떠난 사자가 원망스러웠을 거야.

민아: 모기는 우쭐해서 앞을 살피지 않은 것을 후회했을 거야.

(　　　　　)

2 오성과 감나무

동화 | 760자

옛날에 똑똑하다고 소문이 난 오성이라는 아이가 살았어요. 오성의 집에는 커다란 감나무가 있었어요. 감나무가 어찌나 큰지, 가지가 담을 넘어 옆집 권 대감의 집까지 뻗어 있었지요. 그런데 어느 날 옆집 하인들이 ㉠담 너머로 뻗은 감나무 가지에서 멋대로 감을 따 버렸어요. 화가 난 오성이 하인들을 만나 따졌어요.

"왜 남의 집 감나무에서 감을 땄느냐?"

"여기로 넘어온 감나무 가지는 권 대감님의 것이지요. 저희는 대감님의 감을 땄을 뿐입니다."

이 말을 들은 오성은 곧장 권 대감을 찾아갔어요. 오성은 권 대감의 방문 앞에서 공손히 인사했어요.

"권 대감님, 옆집에 사는 오성입니다."

인사를 마친 오성은 방문 안으로 팔을 쑥 들이밀었어요. 오성의 팔이 창호지를 뚫고 들어오자 권 대감이 화들짝 놀랐어요.

"아니, 이게 무슨 버릇없는 짓이냐?"

"대감님, 죄송합니다. 잠시 제 이야기를 들어 주십시오. 대감님의 방으로 넘어간 이 팔은 누구의 것입니까?"

"당연히 네 것이지."

"하지만 팔이 대감님의 방 안에 있지 않습니까?"

"그게 무슨 상관이냐. 네 몸에 붙어 있으니 네 팔이지."

"그럼 대감님 집으로 뻗은 감나무 가지는 누구의 것입니까?"

권 대감은 오성의 뜻을 금방 알아챘어요.

"너희 집 감나무에 붙어 있으니 당연히 네 것이지."

"맞습니다. 그런데 왜 대감님의 하인들이 제 감을 가져가는 것입니까?"

"내 하인들이 잘못 생각했구나. 앞으로는 그런 일이 없도록 하마."

권 대감은 말재주가 훌륭하다며 오성을 크게 칭찬했어요. 그리고 하인들이 딴 감을 오성에게 모두 돌려주었어요.

어휘 풀이

- □ **소문** 사람들 입에 오르내려 전하여 들리는 말.
- □ **대감** 조선 시대의 높은 벼슬아치.
- □ **공손히** 말이나 행동이 예의가 바르고 겸손하게.
- □ **들이밀었어요** 안쪽으로 밀어 넣거나 들여보냈어요.
- □ **창호지** 주로 문을 바르는 데 쓰는 얇은 종이.

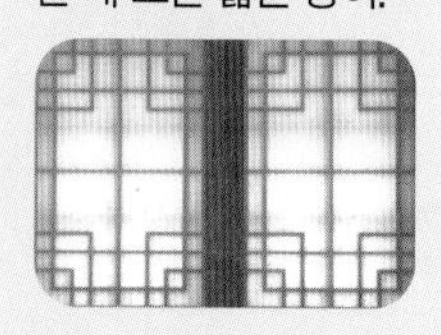

1

내용 이해

이 글에서 일어난 일로 알맞지 않은 것은 무엇인가요? ( )

① 옆집 하인들이 감나무 가지에서 감을 땄다.
② 오성이 권 대감에게 감을 모두 돌려주었다.
③ 권 대감이 오성의 말재주를 크게 칭찬했다.
④ 오성이 권 대감의 방문 앞에서 공손히 인사했다.
⑤ 권 대감이 창호지를 뚫고 들어온 오성의 팔을 보고 놀랐다.

2

전략 적용

내용 이해

㉠에 대한 오성과 옆집 하인들의 생각으로 알맞은 것을 찾아 선으로 이으세요.

(1) 오성 • • ① 권 대감의 집으로 넘어왔으니 권 대감의 것이다.

(2) 옆집 하인들 • • ② 오성의 집 감나무에 붙어 있으니 오성의 것이다.

3

✱ 추론

오성이 방문 안으로 팔을 들이민 까닭을 알맞게 짐작한 것에 ○표 하세요.

(1) 방문에 구멍을 내서 권 대감의 모습을 살피려고 ( )
(2) 자신의 감나무에서 감을 딴 권 대감을 혼내 주려고 ( )
(3) 담을 넘어간 감나무 가지와 비슷한 상황을 권 대감에게 보여 주려고 ( )

어떻게 알았나요?

이후에 오성은 대감님 집으로 뻗은 ☐☐☐ ☐☐가 누구의 것이냐고 물었어요.

4

평가

다음은 이 글을 읽고 든 생각입니다. 빈칸에 들어갈 알맞은 인물을 찾아 ○표 하세요.

☐은 너그럽고 현명한 것 같아. 버릇없는 행동을 한 아이의 말을 귀담아 듣고 그 뜻을 금방 알아챘잖아.

오성 권 대감 옆집 하인들

3

금덩이를 버린 형제

극 | 616자

교과 연계
국어 2-1 자신의 생각을 표현해요

한 형제가 시냇물에 놓인 징검다리를 건너고 있다. 갑자기 아우가 멈추어 서서 물속을 살펴본다.

아우: 형님, 저기 물속을 보세요! 뭐가 번쩍거리지 않아요?

형님: (두 눈을 끔뻑이며) 글쎄, 저게 뭐지?

아우가 물속에 손을 집어넣어 금덩이 두 개를 꺼낸다.

아우: (신난 목소리로) 형님, 금덩이예요! 금덩이가 두 개나 있었어요!

형님: 아니, 이게 웬 횡재냐!

아우: (금덩이 하나를 건네며) 한 덩이는 형님께서 가지세요.

형님: 고맙구나, 아우야!

징검다리를 다 건넌 형제가 시냇물을 따라 걷는다. 그런데 얼마 지나지 않아 아우가 한숨을 쉬더니, 쥐고 있던 금덩이를 물속에 던진다.

형님: (깜짝 놀라며) 아니, 귀한 금덩이를 왜 물속에 버리는 것이냐?

아우: (㉮) 금덩이를 얻은 뒤부터 줄곧 나쁜 생각이 들었어요.

형님: 어떤 생각이 들더냐?

아우: 형님이 가진 금덩이가 자꾸만 탐났어요. 형님만 없으면 금덩이 두 개가 다 내 것이라고 생각하니 형님이 미워졌지요. ㉠고작 금덩이에 욕심을 부려서 형님과 사이가 나빠진다면 차라리 없는 게 나아요!

형님: (고개를 끄덕이며) 그래, 네 말이 옳다. 나도 이까짓 금덩이보다 우리의 우애가 더 소중하구나!

형님도 금덩이를 물속에 던진다. 형제는 서로 마주 보며 웃고 다시 길을 떠난다.

어휘 풀이

- □ **징검다리** 개울 같은 곳에 돌이나 흙더미를 드문드문 놓아 만든 다리.

- □ **횡재** 아무런 노력을 들이지 않고 뜻밖에 얻은 재물.
- □ **줄곧** 끊임없이 계속.
- □ **탐났어요** 자기 것으로 가지고 싶은 마음이 생겼어요.
- □ **우애** 형제 또는 친구 사이의 정과 사랑.

1 이 글의 내용으로 알맞지 않은 것에 ×표 하세요.

내용 이해

(1) 아우가 물속에서 금덩이 두 개를 꺼냈다. ( )

(2) 형님이 아우에게 자신의 금덩이를 건넸다. ( )

(3) 아우가 쥐고 있던 금덩이를 물속에 던졌다. ( )

전략 적용

2 ㉠에서 알 수 있는 아우의 생각이 무엇인지 빈칸에 알맞은 낱말을 쓰세요.

내용 이해

[ ][ ][ ]를 가지는 것보다 [ ][ ]과 사이좋게 지내는 것이 더 중요하다.

3 ㉮에 들어갈 알맞은 말은 무엇인가요? ( )

추론

① 수줍은 표정으로 ② 어두운 표정으로 ③ 즐거운 표정으로
④ 만족하는 표정으로 ⑤ 귀찮아하는 표정으로

어떻게 알았나요?

아우는 금덩이를 얻은 뒤부터 줄곧 [ ][ ] 생각이 들었다고 말했어요.

4 형제가 서로 마주 보며 웃은 까닭을 알맞게 짐작한 친구의 이름을 쓰세요.

추론

민수: 금덩이를 버리고 나니 몸이 가벼워졌기 때문일 거야.

유나: 형제 사이의 우애를 지켰다는 생각에 흐뭇했기 때문일 거야.

( )

어휘 익히기

1 다음 낱말의 뜻으로 알맞은 것을 찾아 선으로 이으세요.

(1) 공손히 •　　　• ① 목표물에 맞지 않고 빗나간 발길질.

(2) 헛발질 •　　　• ② 말이나 행동이 예의가 바르고 겸손하게.

(3) 징검다리 •　　　• ③ 개울 같은 곳에 돌이나 흙더미를 드문드문 놓아 만든 다리.

2 빈칸에 알맞은 낱말을 보기 에서 찾아 쓰세요.

보기　소문　우애　초원

(1) 말들이 넓고 푸른 [　][　]을 빠르게 달린다.

(2) 규리가 곧 이사를 간다는 [　][　]이 학교에 퍼졌다.

(3) 나와 윤수는 오래 알고 지냈기 때문에 [　][　]가 깊다.

3 밑줄 친 낱말이 알맞게 쓰이지 않은 것에 ∨표 하세요

(1) 친구의 새 장난감이 몹시 탐났어요. ☐

(2) 방문을 살짝 열고 고개를 들이밀었어요. ☐

(3) 아이들이 술래를 피해 멀리 맴돌았어요. ☐

4 '서서히'와 뜻이 비슷한 낱말을 보기 에서 찾아 쓰세요.

비슷한 말

보기 슬슬 찰싹 폴짝 훨훨

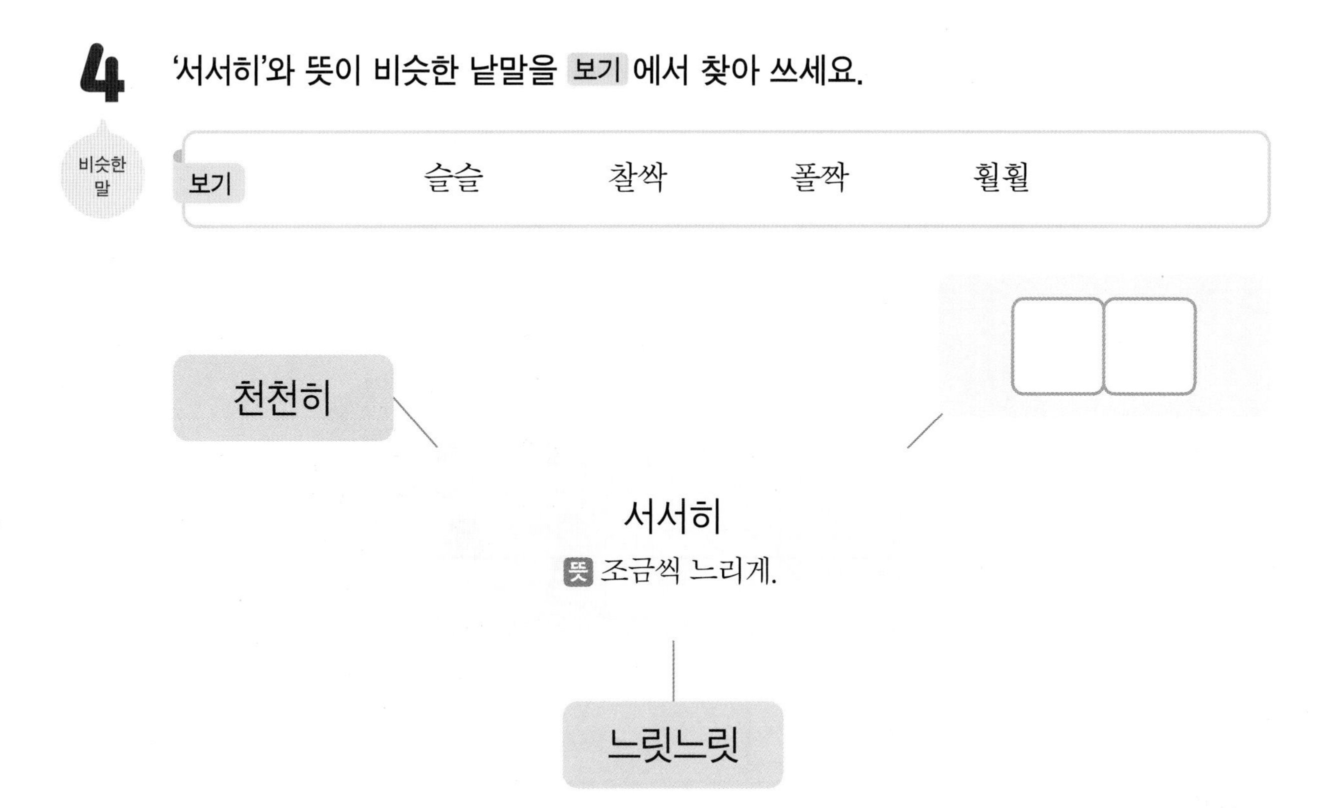

5 다음을 읽고, 밑줄 친 속담이 어울리는 상황에 V표 하세요.

관용 표현

단단한 돌로 만든 돌다리가 쉽게 무너질 리는 없지요. 하지만 이런 돌다리를 두들겨 보며 튼튼한지 확인한다면, 더 안전할 거예요. '돌다리도 두들겨 보고 건너라.'라는 속담은 잘 아는 일이라도 꼼꼼하게 살펴보고 주의하라는 뜻이에요. 확실해 보이는 일도 여러 번 살펴보면 실수를 줄일 수 있어요.

(1) 소풍을 가기로 한 날 하필이면 비가 쏟아지는 상황. ☐

(2) 소풍을 가기 전에 빠뜨린 준비물이 없는지 한 번 더 확인하는 상황. ☐

시간 흐름에 따라 일이 일어난 차례 알기

개념 이해

선호에게 일어난 두 가지 일 중에서 어떤 것이 먼저 일어난 일일까요? '어제'와 '오늘'이라는 말을 보면 알 수 있어요. '어제' 하루 종일 교실에 있었던 것이 '오늘' 운동장에 나가 논 것보다 먼저 일어난 일이에요. 이처럼 시간을 나타내는 말을 살펴보면, 시간 흐름에 따라 일이 일어난 차례를 정리할 수 있어요.

이렇게 해요!

① 글을 읽으며 시간을 나타내는 말을 찾아요.

예 시간을 나타내는 말: '아침, 낮, 저녁, 밤', '어제, 오늘, 내일', '봄, 여름, 가을, 겨울' 등

② 시간 흐름에 따라 인물이 한 일을 차례대로 정리해요.

확인 문제

■ 다음 글을 읽고 시간 흐름에 따라 일어난 일을 정리할 때, 빈칸에 알맞은 낱말을 쓰세요.

시간을 나타내는 말에 동그라미를 쳐 봐!

막내 오리는 다른 형제들과 다르게 몸집이 커다랗고 깃털도 회색이었어요. 형제 오리들은 막내 오리가 못생겼다며 매일 놀렸어요.

어느 추운 겨울날, 막내 오리는 놀림을 견디지 못하고 집을 떠났어요. 그러다 호수 근처에서 하얀 깃털을 가진 백조들을 보았어요.

"나는 왜 이렇게 못생겼을까? 나도 저렇게 멋진 새였으면……."

막내 오리는 백조들을 따라가고 싶었지만 용기가 나지 않았어요. 결국 막내 오리는 호숫가의 수풀 속에서 혼자 겨울을 보냈어요.

봄이 되자 백조들이 호수로 돌아왔어요. 더 이상 외톨이로 지내기 싫었던 막내 오리는 백조들에게 가려고 날개를 펼쳤어요.

"어? 내가 하늘을 날고 있다니 꿈만 같아!"

막내 오리가 아래를 내려다보자 아름다운 백조의 모습이 호수에 비쳤어요. 그 순간 막내 오리는 자신이 백조라는 사실을 알았답니다.

— 한스 안데르센, 「미운 아기 오리」 중

시간	(1) ☐☐	봄
일어난 일	막내 오리가 집을 떠났다.	막내 오리가 자신이 (2) ☐☐ 라는 사실을 알았다.

은혜 갚은 꿩

동화 | 759자

한 선비가 낮에 산길을 걷고 있었어요. 그때 저 멀리서 꺽꺽 울부짖는 소리가 들렸어요. 선비가 울음소리를 따라가니, 커다란 구렁이가 꿩을 잡아먹으려 하고 있었어요. 선비는 얼른 활을 들고 구렁이에게 화살을 쐈어요.

"힘없는 꿩을 해치지 마라!"

화살을 맞은 구렁이는 그 자리에서 죽었어요. 선비는 꿩이 무사한 것을 확인하고 다시 길을 떠났어요.

어느새 해가 지고 밤이 되었어요. 선비는 빈 절에 들어가 헛간에서 잠들었어요. 그런데 어디선가 구렁이 한 마리가 나타나 선비의 몸을 칭칭 감기 시작했어요. 선비는 숨이 막히는 느낌에 눈을 떴어요.

"나에게 왜 이러는 것이냐?"

"네가 낮에 죽인 구렁이가 내 남편이다! 너를 잡아먹어서 남편의 원수를 갚을 것이다."

구렁이는 선비의 몸을 더욱 꽉 조였어요. 선비가 간신히 입을 열었어요.

"나는 그저 꿩이 불쌍했을 뿐이다. 제발 살려 다오."

"흥, 날이 밝기 전까지 절에 있는 종이 세 번 울리면 널 살려 주지."

하지만 산속에 있는 빈 절까지 와서 종을 울릴 사람은 없었지요. 선비는 꼼짝없이 죽게 되었다는 생각에 눈앞이 캄캄했어요.

다음 날 새벽이 되자 구렁이는 선비를 잡아먹으려고 입을 쩍 벌렸어요. 그 순간 저 멀리서 종소리가 세 번 울려 퍼졌어요.

"쳇, 하늘이 널 돕는구나. 참으로 분하다!"

구렁이는 약속대로 선비를 풀어 주고 밖으로 사라졌어요. 선비는 종이 있는 곳으로 가 보았어요. 종 아래에는 꿩이 머리를 다친 채 쓰러져 있었어요. 선비가 꿩을 품에 안고 눈물을 흘리며 말했어요.

㉠"네가 목숨을 바쳐 나를 구했구나!"

어휘 풀이

- □ **구렁이** 머리가 크고 몸통은 길고 굵은 뱀.
- □ **해치지** 다치게 하거나 죽이지.
- □ **헛간** 막 쓰는 물건을 쌓아 두는 창고.

- □ **원수** 억울하고 화가 나서 마음속에 불만이 쌓일 정도로 자기에게 해를 끼친 사람이나 집단.
- □ **간신히** 힘들게 겨우.
- □ **분하다** 억울한 일을 당하거나 될 듯한 일이 되지 않아서 매우 화가 나다.

1 이 글의 내용으로 알맞지 않은 것에 ×표 하세요.

내용 이해

(1) 종 아래에서 꿩이 꺽꺽 울부짖고 있었다. ( )

(2) 커다란 구렁이가 꿩을 잡아먹으려고 했다. ( )

(3) 선비가 빈 절에 들어가 헛간에서 잠들었다. ( )

2 구렁이가 선비를 잡아먹으려 한 까닭이 무엇인지 빈칸에 알맞은 낱말을 쓰세요.

내용 이해

[ ][ ]의 원수를 갚기 위해서

전략 적용

3 이 글에서 일이 일어난 차례에 맞게 기호를 쓰세요.

구조 파악

㉮ 밤에 구렁이가 나타나 잠든 선비의 몸을 칭칭 감았다.
㉯ 새벽에 종소리가 세 번 울려 퍼지자 구렁이가 선비를 풀어 주었다.
㉰ 선비가 낮에 산길을 걷다가 구렁이에게 잡아먹히려는 꿩을 구해 주었다.

( ) → ( ) → ( )

4 선비가 ㉠을 말할 때 느꼈을 마음으로 알맞은 것은 무엇인가요? ( )

★추론

① 화나고 실망한 마음
② 기쁘고 뿌듯한 마음
③ 슬프고 고마운 마음
④ 지루하고 답답한 마음
⑤ 불안하고 걱정스러운 마음

어떻게 알았나요?

선비는 꿩을 품에 안고 [ ][ ]을 흘리며 말했어요.

팥죽 할머니와 호랑이

동화 | 887자

교과 연계
국어활동 2-2 바른 말로 이야기 나누어요

어느 여름날, 할머니가 밭에서 팥을 심고 있었어요. 그런데 갑자기 호랑이가 나타나 할머니에게 달려들었어요.

"어흥! 배도 고픈데 잘 만났다. 할멈을 잡아먹어야겠다!"

할머니는 두 손을 싹싹 비비며 말했어요.

"한 번만 살려 다오. 그럼 겨울에 맛있는 팥죽을 만들어 줄게."

"좋아. 겨울까지는 살려 주지. 팥죽을 먹고 나서 할멈도 잡아먹을 거야."

호랑이는 입맛을 다시며 산속으로 돌아갔어요.

어느덧 추운 겨울이 되었어요. 할머니는 부엌에서 팥죽을 만들며 울고 있었지요. 그때 자라가 엉금엉금 기어 와 물었어요.

"할머니, 왜 울고 있어요?"

"내가 곧 호랑이 밥이 된단다."

"저에게 팥죽 한 그릇만 주시면 호랑이를 쫓아 드릴게요."

자라는 할머니가 준 팥죽을 맛있게 먹고는 물독 안에 몸을 감추었어요.

이번에는 알밤이 폴짝 뛰어왔어요. 뒤이어 쇠똥이 또르르, 맷돌과 멍석이 데굴데굴, 지게가 뚜벅뚜벅 들어왔지요. 다들 할머니에게 호랑이를 쫓아 주겠다고 약속하고 팥죽을 얻어먹었어요. 그런 다음 알밤은 아궁이에, 쇠똥은 바닥에, 맷돌은 선반 위에, 멍석은 문 앞에, 지게는 마당에 숨었어요.

잠시 후 호랑이가 부엌으로 들어왔어요.

"어디 할멈이 만든 팥죽 맛 좀 볼까?"

호랑이가 팥죽을 데우려고 아궁이를 들여다보는데, 뜨거운 알밤이 호랑이의 눈을 딱 때렸어요.

"아이고, 뜨거워!"

호랑이는 물독에 얼굴을 집어넣었어요. 그러자 자라가 냉큼 코를 물었지요. 호랑이는 뒷걸음치다가 쇠똥을 밟고 미끄러졌어요. 또 선반 위에 있던 맷돌은 호랑이의 머리 위로 뛰어내렸어요. 멍석은 넘어진 호랑이를 둘둘 말고, 지게는 멍석에 말린 호랑이를 업고 강으로 뛰어가서 휙 던졌어요.

"으악, 호랑이 살려!"

그 이후로 할머니는 겨울마다 팥죽을 만들었어요. 그리고 자라, 알밤, 쇠똥, 맷돌, 멍석, 지게와 팥죽을 나누어 먹었답니다.

어휘 풀이

- □ **물독** 물을 담아 두는, 배가 불룩하고 둥근 그릇.
- □ **감추었어요** 다른 사람이 보거나 찾지 못하도록 가리거나 숨겼어요.
- □ **뒤이어** 곧바로 이어져.
- □ **멍석** 마당에 깔아 놓고 사람이 앉거나 곡식을 널어 말리는 데에 쓰는, 짚으로 엮어 만든 큰 깔개.

- □ **지게** 옛날에 짐을 얹어 등에 지고 다니게 만든 기구.
- □ **아궁이** 방이나 솥 등에 불을 때기 위해 만든 구멍.

1 내용 이해

할머니가 부엌에서 운 까닭이 무엇인지 (　　)에서 알맞은 말을 골라 ○표 하세요.

호랑이가 (알밤 / 팥죽)을 먹고 나서 할머니를 (잡아먹기로 / 쫓아내기로) 했기 때문이다.

2 내용 이해

이 글에 나타난 시간의 흐름으로 알맞은 것은 무엇인가요? (　　　)

① 밤 → 낮　② 아침 → 점심　③ 오늘 → 내일

④ 여름 → 겨울　⑤ 월요일 → 수요일

어떻게 알았나요?

이 글에서 시간을 나타내는 말은 '어느 ☐☐날'과 '추운 ☐☐'이에요.

3 구조 파악

전략 적용

이 글에서 가장 먼저 일어난 일은 무엇인가요? (　　　)

① 지게가 강으로 뛰어가서 호랑이를 던졌다.

② 호랑이가 뒷걸음치다가 쇠똥을 밟고 미끄러졌다.

③ 알밤, 쇠똥, 맷돌, 멍석, 지게가 팥죽을 얻어먹었다.

④ 자라가 할머니에게 호랑이를 쫓아 주겠다고 말했다.

⑤ 할머니가 밭에서 팥을 심고 있는데 호랑이가 나타났다.

4 평가

이 글을 읽고 든 생각을 알맞게 말한 친구의 이름을 쓰세요.

유선: 팥죽을 혼자 다 먹으려고 욕심을 부리다가 혼쭐이 난 것을 보면 호랑이는 어리석은 것 같아.

창수: 자라, 알밤, 쇠똥, 맷돌, 멍석, 지게와 같이 작은 것들이 힘을 합쳐 호랑이를 물리치다니 대단해.

혜나: 배고픈 호랑이가 안쓰러워 자신이 먹을 팥죽을 나누어 주다니 할머니는 마음씨가 따뜻한 분이야.

(　　　　　　　　)

3

속초를 다녀와서

사회 | 697자

교과 연계
국어 2-1 겪은 일을 나타내요

토요일에 우리 가족은 강원도 속초로 여행을 떠났다. 아빠께서 속초에 가면 동해와 설악산을 볼 수 있다고 하셨다. 나는 바다와 산을 모두 구경할 생각에 마음이 설레었다.

점심때쯤 속초에 도착한 우리는 곧장 속초 해수욕장으로 향했다. 눈앞에 푸른 바다가 나타나자, 나와 누나는 신이 나서 모래사장 위를 달려갔다. 시원한 바닷물에 발을 담그고 서로 물을 튀기며 한참을 즐겁게 놀았다.

▲ 속초 해수욕장

우리는 속초 해수욕장의 명물인 대관람차도 탔다. 대관람차에서 밖을 내다보니 속초 바다의 아름다운 풍경과 속초 시내가 한눈에 들어왔다. 새처럼 하늘을 나는 기분이 들었다.

다음 날인 일요일에는 설악산에 갔다. 한 시간쯤 산을 올랐을 때 흔들바위가 나왔다. 흔들바위는 어른 키보다 크고 둥그렇게 생긴 바위였다. 엄마께서는 바위 이름이 왜 흔들바위인지 말씀해 주셨다.

"살짝만 건드려도 굴러떨어질 것처럼 생겼지? 그런데 혼자서 밀어도, 여러 사람이 밀어도 굴러떨어지지 않고 흔들리기만 해서 흔들바위라는 이름이 붙었단다."

흔들바위를 직접 밀어 보아도 된다고 했다. 우리 가족은 힘을 합쳐 흔들바위를 밀었다. 그러자 정말로 바위가 살짝 흔들렸다. 이렇게 커다란 바위를 움직였다고 생각하니, 우리가 대단한 일을 해낸 것 같아 뿌듯했다.

▲ 설악산 흔들바위

설악산에서 내려온 우리는 다시 고속버스를 타고 집으로 돌아왔다. 여행이 금방 끝난 것 같아서 아쉬웠다. 그래도 가족과 함께해서 무척 행복한 여행이었다.

어휘 풀이

- □ **향했다** 어느 한쪽을 목표로 하여 나아갔다.
- □ **모래사장** 강가나 바닷가에 있는 모래벌판.
- □ **명물** 어떤 지역에서 유명한 물건.
- □ **대관람차** 천천히 도는 거대한 동그라미 둘레에 두세 명이 앉을 수 있는 작은 공간들을 만들어 먼 곳을 바라볼 수 있게 한 놀이기구.

- □ **굴러떨어질** 바퀴처럼 돌면서 위에서 아래로 내려갈.

1

중심 생각

이 글의 제목을 바꾸어 쓸 때, 빈칸에 알맞은 낱말을 쓰세요.

☐☐과 함께 떠난 속초 여행

2

내용 이해

이 글을 읽고 알 수 있는 내용이 아닌 것은 무엇인가요? (　　　)

① 속초는 강원도에 있다.
② 속초에 가면 동해를 볼 수 있다.
③ 대관람차는 속초 해수욕장의 명물이다.
④ 설악산을 한 시간쯤 오르면 흔들바위가 나온다.
⑤ 흔들바위는 살짝만 흔들어도 굴러떨어져서 붙은 이름이다.

어떻게 알았나요?

엄마는 ☐☐☐☐가 혼자서 밀어도 여러 사람이 밀어도 흔들리기만 한다고 말했어요.

3

내용 이해

여행에서 일어난 일과 그때 글쓴이가 느낀 것을 알맞게 선으로 이으세요.

(1) 속초로 여행을 떠났다. •	• ① 마음이 설레었다.
(2) 대관람차에서 밖을 내다보았다. •	• ② 아쉽지만 행복했다.
(3) 설악산에서 내려와 집으로 돌아왔다. •	• ③ 하늘을 나는 기분이 들었다.

4

전략 적용

구조 파악

글쓴이가 토요일과 일요일에 한 일을 두 개씩 찾아 기호를 쓰세요.

㉮ 고속버스를 타고 집으로 돌아왔다.
㉯ 가족과 힘을 합쳐 흔들바위를 밀었다.
㉰ 바닷물에 발을 담그고 물을 튀기며 놀았다.
㉱ 대관람차에서 속초 바다와 속초 시내를 보았다.

(1) 토요일: (　　　　,　　　　)　　(2) 일요일: (　　　　,　　　　)

어휘 익히기

1 다음 낱말의 뜻으로 알맞은 것을 찾아 선으로 이으세요.

(1) 분하다 •　　　　• ① 강가나 바닷가에 있는 모래벌판.

(2) 아궁이 •　　　　• ② 방이나 솥 등에 불을 때기 위해 만든 구멍.

(3) 모래사장 •　　　　• ③ 억울한 일을 당하거나 될 듯한 일이 되지 않아서 매우 화가 나다.

2 빈칸에 알맞은 낱말을 보기 에서 찾아 쓰세요.

보기　간신히　뒤이어　향했다

(1) 우리는 버스를 타기 위해 정류장으로 □□□.

(2) 번개가 치고 □□□ 우르르 쾅쾅 하는 소리가 들렸다.

(3) 슬픈 영화를 보면서 눈물이 나오려는 것을 □□□ 참았다.

3 밑줄 친 낱말이 알맞게 쓰이지 않은 것에 ∨표 하세요.

(1) 동물을 함부로 해치지 말아야 한다. □

(2) 입이 큰 현우는 하마라는 명물로 불린다. □

(3) 다른 사람들이 보지 못하도록 일기장을 꼭꼭 감추었어요. □

4 '얼른'과 뜻이 비슷한 낱말을 보기 에서 찾아 쓰세요.

비슷한 말

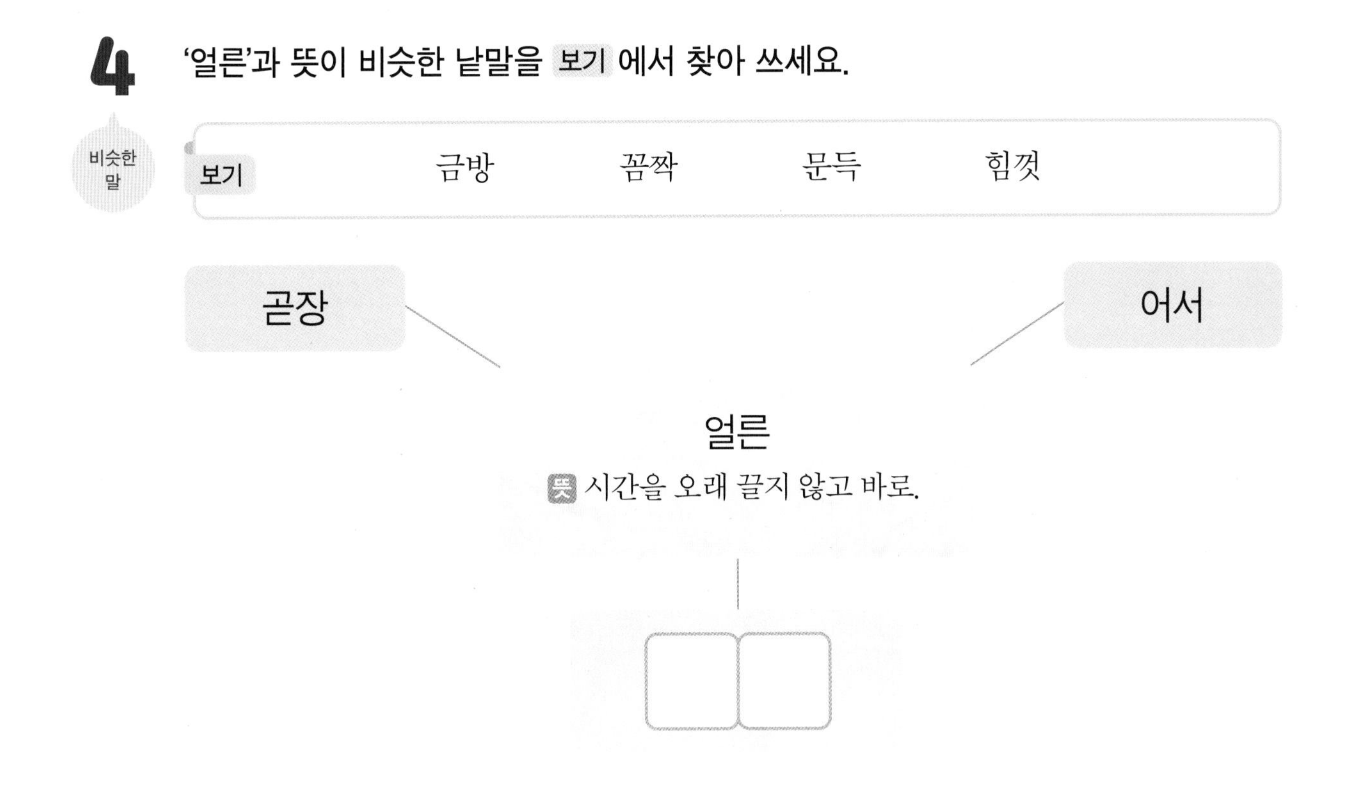

5 다음을 읽고, 밑줄 친 말이 어울리는 상황에 ∨표 하세요.

관용 표현

해가 떠 있어 밝고 환한 낮에는 주변이 분명하게 보여 원하는 대로 행동할 수 있어요. 하지만 햇빛도 가로등도 없는 캄캄한 어둠 속에 있으면 쉽사리 움직이기 힘들어요. 앞에 무엇이 있는지 모르니 걸음을 떼기도 어렵지요. '<u>눈앞이 캄캄하다.</u>'는 마치 아무것도 보이지 않는 어둠 속에 있는 것처럼, 앞으로 어떻게 해야 할지를 몰라 막막하다는 뜻이에요.

(1) 친구에게 받은 선물 상자를 열어 보며 기대하는 상황. ☐

(2) 친구에게 빌린 게임기를 망가뜨려 어쩔 줄 몰라 하는 상황. ☐

읽기 전략

8 꾸며 주는 말 알기

개념 이해

"눈사람이 목도리를 둘렀어."와 "눈사람이 빨간 목도리를 둘렀어.", "눈사람이 두꺼운 목도리를 칭칭 둘렀어."의 차이가 느껴지나요? '빨간', '두꺼운', '칭칭'이라는 말이 있으니, 목도리의 특징을 자세히 알 수 있지요. 이렇게 뒤에 오는 말을 꾸며 주어 그 뜻을 자세하게 해 주는 말을 **꾸며 주는 말**이라고 해요. 꾸며 주는 말을 사용하면 생각이나 느낌을 더 생생하고 재미있게 표현할 수 있어요.

이렇게 해요!

① 꾸며 주는 말은 뒤에 오는 말을 꾸며 주어 그 뜻을 자세하게 해 주는 말이에요.

예 개나리꽃이 피었어요. → 노란 개나리꽃이 활짝 피었어요.

예 말이 들판을 달려요. → 말이 넓은 들판을 빨리 달려요.

② 소리나 모양을 흉내 내는 말도 꾸며 주는 말이 될 수 있어요.

예 시냇물이 흘러요. → 시냇물이 졸졸 흘러요.

예 굴뚝에서 연기가 나요. → 굴뚝에서 연기가 모락모락 나요.

'노란 개나리꽃' 대신 '작은 개나리꽃'도 어울리는 것처럼 꾸며 주는 말은 다양할 수 있어.

확인 문제

■ 다음 글을 읽고, ㉠~㉤ 중 꾸며 주는 말이 아닌 것을 찾아 기호를 쓰세요.

뒤에 오는 말의 뜻을 자세하게 나타내 주는 것이 꾸며 주는 말이야.

순돌이를 찾아 주세요!

어제 공원 근처를 산책하다가 저희 집 강아지 순돌이를 잃어버렸어요. 순돌이는 한 살도 안 된 아기 강아지예요. 몸에는 ㉠하얀 털이 나 있고, ㉡동그란 눈과 ㉢뾰족한 귀를 가지고 있어요. 사람을 보면 꼬리를 ㉣살랑살랑 흔들며 반가워해요.

㉤가족들이 순돌이를 애타게 기다리고 있어요. 순돌이를 보신 분은 아래 전화번호로 연락해 주세요!

전화번호: ○○○-○○○○-○○○○

( )

산새의 꿈 | 정용원

동시 121자

봄비가 보슬보슬 내려오는 날
솔가지 오붓한 산새 둥우리
귀여운 아기 새 알몸 비비며
하늘을 훨훨 나는 꿈을 꾸어요.

봄비가 보슬보슬 내려오는 날
솔가지 오붓한 산새 둥우리
털 송송 아기 새 파닥거리며
노래 뽑는 목청을 가다듬어요.

어휘 풀이

- □ **솔가지** 꺾어서 말린 소나무의 가지.
- □ **둥우리** 새가 알을 낳거나 살기 위해 풀, 나뭇가지 등을 엮어 만든 둥근 모양의 집.

- □ **파닥거리며** 작은 새가 계속해서 가볍고 빠르게 날개를 치며.
- □ **목청** 목구멍 가운데에 있는, 소리를 내는 기관.

1

내용 이해

이 시는 언제 일어난 일을 노래하고 있는지 빈칸에 알맞은 낱말을 쓰세요.

☐☐가 보슬보슬 내려오는 날

2

내용 이해

이 시를 읽고 떠올린 모습으로 알맞지 않은 것에 ×표 하세요.

(1) 아기 새가 날개를 파닥거리는 모습 (　　)

(2) 아기 새가 둥우리에서 알몸을 비비는 모습 (　　)

(3) 아기 새가 어미 새에게 먹이를 달라고 조르는 모습 (　　)

3

전략 적용

표현 파악

이 시에 나온 다음 말 중 꾸며 주는 말을 두 개 찾아 ○표 하세요.

훨훨　　귀여운　　꾸어요　　목청을

어떻게 알았나요?

소리나 모양을 ☐☐ 내는 말도 꾸며 주는 말이 될 수 있어요.

4

추론

이 시를 읽고, 아기 새에 대해 짐작한 내용을 알맞게 말한 친구의 이름을 쓰세요.

정희: 하늘을 훨훨 나는 꿈을 꾸는 걸 보면, 얼른 자라고 싶은 것 같아.

창완: 다른 새들을 애타게 부르는 걸 보면, 혼자 있어서 외로운 것 같아.

(　　　　)

요술 항아리

동화 | 793자

교과 연계
국어 1-2 느끼고 표현해요

옛날에 부지런한 농부가 살았어요. 농부는 열심히 돈을 모아 밭을 샀는데, 그 밭에는 돌이 가득했어요. 부자 영감이 농부를 속여 돌밭을 판 것이지요. 농부는 묵묵히 돌을 골라내다 땅속에서 빈 항아리를 발견했어요. 농부는 항아리를 집으로 가져와 찬찬히 살펴보았어요.

"이 항아리를 어디에 쓴담……. 옳지, 호미를 보관하는 데 써야지."

농부는 호미 하나를 항아리 안에 넣었어요. 그러자 놀랍게도 호미가 두 개로 늘어났어요. 이번에는 엽전 하나를 항아리에 넣어 보았어요. 엽전도 역시 두 개가 되었지요.

"무엇이든 두 배로 만들어 주는 요술 항아리구나!"

농부는 폴짝폴짝 뛰며 기뻐했어요. 농부는 항아리에 엽전을 계속 넣어 부자가 되었어요.

얼마 뒤, 항아리에 대한 소문이 부자 영감의 귀에도 들어갔어요. 부자 영감은 부리나케 농부를 찾아왔어요.

"나는 자네에게 밭만 팔았지, 항아리까지 팔지는 않았네. 그러니 항아리를 돌려주게."

"제가 산 밭에서 나왔으니 제 항아리입니다!"

둘은 다투다가 원님을 찾아갔어요. 하지만 이야기를 들은 원님도 요술 항아리가 탐났어요.

"항아리는 여기 두고 가게. 내일 다시 이야기하지."

원님은 항아리를 빼앗을 궁리를 했어요. 그사이 요술 항아리가 궁금했던 원님의 아버지가 항아리를 기웃거렸어요. 원님의 아버지는 항아리 안으로 고개를 들이밀었다가 그만 항아리에 빠지고 말았어요.

"아들아, 나 좀 꺼내 다오!"

원님이 뛰어와 아버지를 꺼내는데 똑같이 생긴 아버지가 두 명이 나왔어요. 두 아버지는 서로 자기가 진짜라고 말하며 다투었어요.

㉠"아이고, 내가 욕심을 부려서 벌을 받는구나."

원님은 땅을 치며 후회했어요.

어휘 풀이

- □ **찬찬히** 성질, 솜씨, 행동 등이 꼼꼼하고 차분하게.
- □ **호미** 날의 끝은 뾰족하고 세모 모양으로 생겼으며, 김을 매거나 감자 등을 캘 때 쓰는 농기구.

- □ **엽전** 옛날에 사용하던, 쇠나 구리로 만든 돈. 둥글고 납작하며 가운데에 네모난 구멍이 있다.

- □ **부리나케** 서둘러서 아주 급하게.
- □ **궁리** 마음속으로 이리저리 따져 깊이 생각함.

1
내용 이해

농부가 땅속에서 발견한 것이 무엇인지 빈칸에 알맞은 낱말을 쓰세요.

무엇이든 [ ] 배로 만들어 주는 요술 [ ][ ][ ]

2
구조 파악

이 글에서 일이 일어난 차례에 맞게 기호를 쓰세요.

㉮ 원님의 아버지가 항아리에 빠져 두 명이 되었다.
㉯ 농부가 항아리에 엽전을 계속 넣어 부자가 되었다.
㉰ 부자 영감이 농부에게 항아리를 돌려 달라고 말했다.
㉱ 원님이 농부와 부자 영감에게 항아리를 두고 가라고 말했다.

(   ) → (   ) → (   ) → (   )

전략 적용

3
표현 파악

다음 빈칸에 어울리는 꾸며 주는 말을 찾아 선으로 이으세요.

(1) [   ] 어머니는 언제나 일찍 일어나신다. •　　　• ① 부지런한

(2) 발소리가 들리자 토끼가 [   ] 뛰어 달아났다. •　　　• ② 폴짝폴짝

4
추론

원님이 ㉠을 말할 때 했을 생각으로 알맞은 것에 ○표 하세요.

(1) '요술 항아리를 탐내지 말았어야 했어.' (   )

(2) '어떻게 하면 요술 항아리를 빼앗을 수 있을까?' (   )

(3) '아버지께 요술 항아리를 선물로 드릴 걸 그랬어.' (   )

어떻게 알았나요?

원님은 항아리를 가지려고 [ ][ ]을 부린 것을 후회했어요.

3 세상에서 하나뿐인 도자기

예술 | 664자

지난 목요일, 우리 반은 도자기 마을로 현장 체험학습을 갔다. 선생님께서는 도자기 마을에 있는 체험장에서 직접 도자기를 만들어 볼 거라고 하셨다. 체험장 안으로 들어가니 크고 작은 그릇들이 전시되어 있었다. 이 그릇들은 모두 찰흙으로 모양을 빚어서 만든 도자기였다. 나는 꼭 ㉠예쁜 도자기를 만들어서 엄마와 아빠께 자랑해야겠다고 다짐했다.

우리는 체험장 안에 놓인 의자에 ㉡조르르 앉았다. 책상 위에는 찰흙 덩어리가 놓여 있었다. 찰흙을 손으로 ㉢조물조물 만져 보았더니 부드럽고 말랑했다. 나는 이 찰흙으로 세상에 하나뿐인 나만의 컵을 만들기로 했다.

가장 먼저 만든 것은 컵의 바닥 부분이었다. 찰흙 덩어리를 조금 떼어 낸 뒤, 동그랗고 납작하게 눌러서 ㉣바닥을 만들었다. 그런 다음, 남은 찰흙으로 ㉤기다란 반죽을 여러 개 만들어 바닥 위에 한 줄 한 줄 쌓아 올렸다. 다 쌓고 나니 평소에 쓰던 컵의 모양과 비슷했다. 선생님께서는 도자기에 원하는 무늬를 그려 넣어도 된다고 하셨다. 나는 귀여운 꽃무늬와 함께 내 이름인 '정도연'을 정성껏 새겼다.

이렇게 만든 도자기는 한 달 뒤에 받을 수 있다. 도자기를 뜨거운 불에 두 번이나 구워야 하기 때문이다. 도자기를 구우면 말랑했던 찰흙이 우리가 쓰는 그릇처럼 단단해진다고 한다. 한 달만 지나면 내 이름이 새겨진 도자기를 갖게 된다니 너무 기쁘다.

어휘 풀이

- □ **전시되어** 찾아온 사람들이 볼 수 있도록 여러 가지 물품이 한곳에 차려져.
- □ **빚어서** 흙 등을 반죽하고 주물러 어떤 모양을 만들어서.
- □ **무늬** 장식하기 위해 넣은 여러 가지 모양.
- □ **새겼다** 그림이나 글씨 등을 팠다.

1 이 글에서 글쓴이가 한 경험은 무엇인가요? (   )

중심 생각

① 도자기 마을로 현장 체험학습을 간 경험
② 직접 만든 컵을 엄마와 아빠께 드린 경험
③ 선생님께서 만드신 도자기를 구경한 경험
④ 교실에서 친구들과 찰흙을 가지고 논 경험
⑤ 가족과 함께 도자기 박물관에 방문한 경험

2 이 글의 내용으로 알맞지 않은 것에 ╳표 하세요.

내용 이해

(1) '내'가 찰흙을 만져 보니 부드럽고 말랑했다. (   )
(2) '나'는 컵의 바닥 부분을 가장 먼저 만들었다. (   )
(3) '나'는 도자기를 불에 구운 뒤에 꽃무늬를 새겼다. (   )

전략 적용

3 ㉠~㉤ 중 꾸며 주는 말이 아닌 것은 무엇인가요? (   )

표현 파악

① ㉠ ② ㉡ ③ ㉢ ④ ㉣ ⑤ ㉤

어떻게 알았나요?

꾸며 주는 말은 [   ]에 오는 말을 꾸며 주어 그 뜻을 자세하게 해 주는 말이에요.

4 다음 그림 중 글쓴이가 만든 도자기의 모습으로 알맞은 것에 ○표 하세요.

★추론

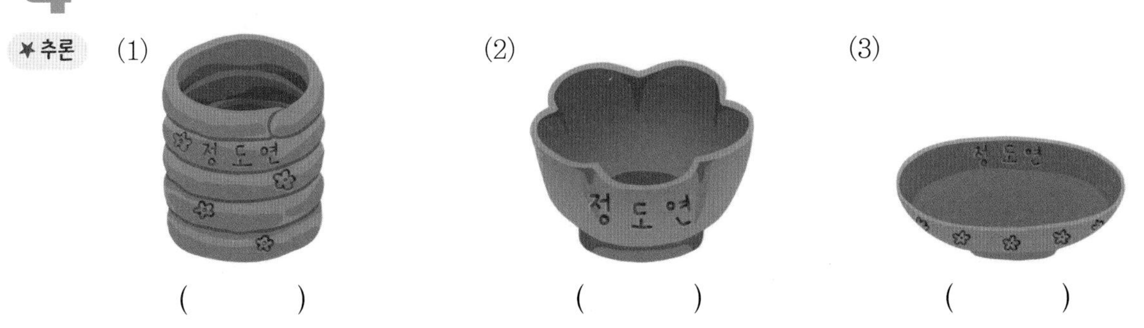

(   ) (   ) (   )

어휘 익히기

1 다음 낱말의 뜻으로 알맞은 것을 찾아 선으로 이으세요.

(1) 궁리 •

(2) 목청 •

(3) 무늬 •

• ① 장식하기 위해 넣은 여러 가지 모양.

• ② 마음속으로 이리저리 따져 깊이 생각함.

• ③ 목구멍 가운데에 있는, 소리를 내는 기관.

2 빈칸에 알맞은 낱말을 보기 에서 찾아 쓰세요.

보기
둥우리 새겼다 찬찬히

(1) 까치가 지붕 아래에 ☐☐☐ 를 지었다.

(2) 뾰족한 송곳으로 나무판에 그림을 ☐☐☐.

(3) 선생님께서 나누어 주신 안내문을 ☐☐☐ 읽어 보았다.

3 밑줄 친 낱말이 알맞게 쓰이지 않은 것에 V표 하세요.

(1) 박물관에는 다양한 유물이 전시되어 있다. ☐

(2) 큰 소리에 놀란 비둘기가 파닥거리며 날아간다. ☐

(3) 지유는 부리나케 준비하는 바람에 학교에 지각했다. ☐

4 '꺼내다', '부드럽다'와 뜻이 반대되는 낱말을 보기 에서 찾아 각각 쓰세요.

보기 넣다 놓다 가늘다 거칠다

꺼내다
뜻 안에 있는 물건을 밖으로 나오게 하다.
↔ (1) □□
뜻 어떤 공간 속에 들어가게 하다.

부드럽다
뜻 닿거나 만지는 느낌이 빳빳하지 않고 연하다.
↔ (2) □□□
뜻 겉이 메마르고 껄끄럽다.

5 다음을 읽고, ( )에서 알맞은 낱말을 골라 ○표 하세요.

빗다	빚다
뜻 머리카락이나 털을 빗으로 가지런히 정리하다.	뜻 흙 등을 반죽하고 주물러 어떤 모양을 만들다.

(1) 강아지의 털이 뭉치지 않게 빗으로 (빗었다 / 빚었다).

(2) 항아리는 진흙을 (빗어서 / 빚어서) 만드는 크고 둥그런 그릇이다.

인물의 마음 짐작하기

개념 이해

선물 상자를 연 아이의 마음은 어떨까요? 갖고 싶었던 강아지 인형을 받아서 기쁘고 행복할 거예요. 이렇게 인물에게 일어난 일을 알면, 그 상황에서 인물의 마음이 어떠할지를 짐작할 수 있어요. 또 인물이 한 말이나 행동에도 인물의 마음을 짐작할 수 있는 부분이 있답니다. 때로는 '기쁘다', '창피하다'와 같은 말을 보고 인물의 마음을 알 수도 있어요.

이렇게 해요!

① 인물에게 어떤 일이 일어났는지 살펴보아요.

② 인물의 마음을 알 수 있는 말이나 행동, 인물의 마음이 드러난 표현을 찾아보고, 인물의 마음을 짐작해요.

예 '기쁘다', '슬프다', '고맙다', '창피하다', '걱정스럽다' 등

인물이 겪은 일과 비슷한 경험을 떠올리면 인물의 마음을 더 쉽게 짐작할 수 있어.

확인 문제

■ 다음 글을 읽고, 어머니가 ㉠을 말할 때 느꼈을 마음으로 알맞은 것에 ○표 하세요.

옛날 옛적, 두 아들을 둔 어머니가 살았어요. 두 아들은 모두 시장에서 물건을 파는 장수였어요. 큰아들은 우산을 팔고 작은아들은 부채를 팔았지요. 어머니는 자나 깨나 자식들 생각에 마음이 편하지 않았어요.

여름이 되고, 며칠 내내 비가 내렸어요. 어머니는 걱정이 가득한 얼굴로 문밖을 내다보았어요.

"아이고, 이렇게 비만 내리면 부채가 안 팔릴 텐데……. 이를 어쩜 좋아?"

그러던 어느 날, 하늘이 맑게 갰어요. 햇볕이 쨍쨍 내리쬐고 날씨가 더워졌지요. 하지만 어머니는 한숨만 푹 내쉬었어요.

㉠"날이 맑으니 부채는 잘 팔리겠지만, 우산은 잘 안 팔리겠어."

—「우산 장수와 부채 장수를 둔 어머니」 중

어머니는 한숨을 푹 내쉬며 말하고 있어.

(1) 기쁜 마음 ( )

(2) 미안한 마음 ( )

(3) 걱정스러운 마음 ( )

치과에서 | 김시민

동시 | 53자

아, 아
입을 더 크게 벌려야 하는데
으, 으
점점 입이 다물어진다

이를 빼야 하는데
눈물이 먼저
쏙
빠진다

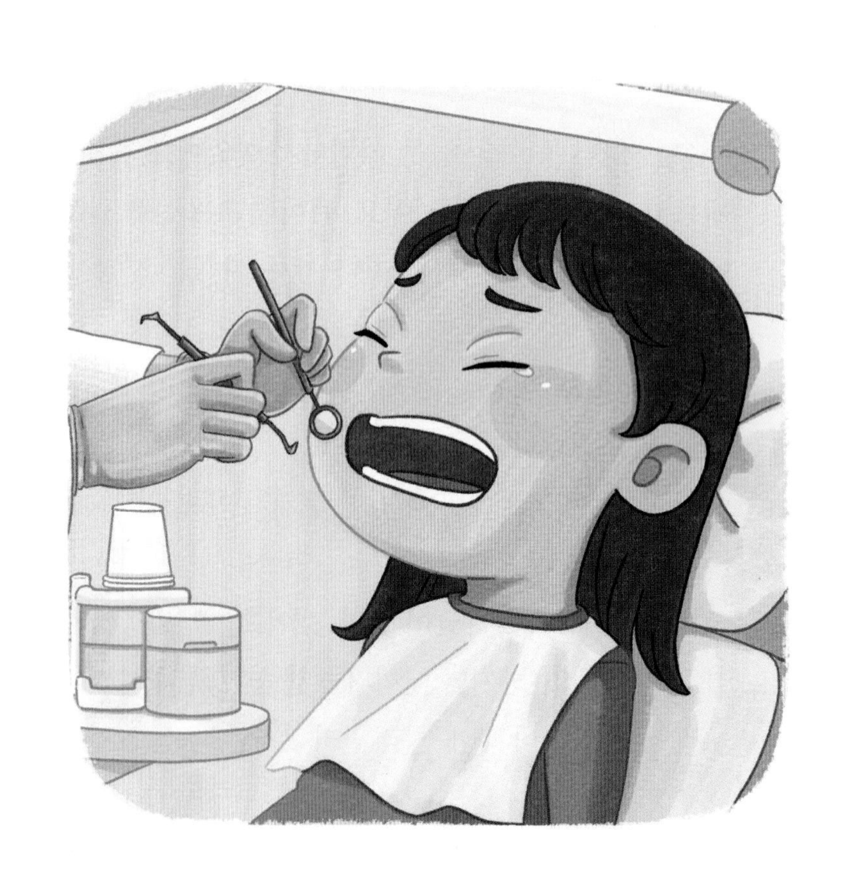

어휘 풀이

□ **다물어진다** 윗입술과 아랫입술이 붙어서 입이 닫힌다.

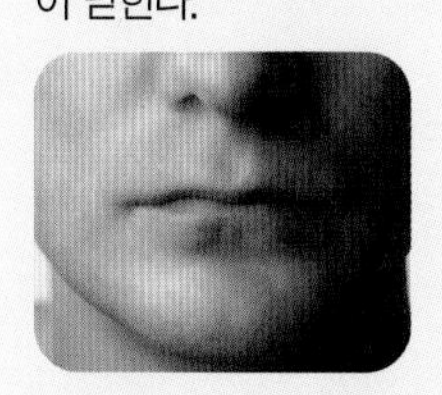

□ **먼저** 시간이나 순서에 앞서.

□ **빠진다** 속에 있던 액체나 기체, 냄새 등이 밖으로 흘러 나가거나 새어 나간다.

1 내용 이해

시 속 인물이 무엇을 하고 있는지 빈칸에 알맞은 낱말을 쓰세요.

[ ][ ]에서 [ ]를 빼고 있다.

2 내용 이해

이 시에서 "아, 아"와 "으, 으"가 나타내는 모습을 찾아 선으로 이으세요.

(1) 아, 아 •　　　　• ① 입을 크게 벌리는 모습

(2) 으, 으 •　　　　• ② 입이 점점 다물어지는 모습

전략 적용

3 추론

시 속 인물이 느꼈을 마음으로 알맞은 것은 무엇인가요? (　　　)

① 고마운 마음　② 그리운 마음　③ 두려운 마음

④ 즐거운 마음　⑤ 지루한 마음

어떻게 알았나요?

시 속 인물은 이를 빼야 하는데 [ ][ ]이 먼저 쏙 빠진다고 했어요.

4 창의

시 속 인물이 겪은 일과 비슷한 경험을 찾아 기호를 쓰세요.

㉮ 체육 시간에 친구가 넘어져서 다리에 상처가 났다. 아파하는 친구를 걱정하며 보건실에 데려다주었다.

㉯ 수요일에 예방 주사를 맞으러 병원에 갔다. 바늘이 너무 뾰족해 보여서 주사를 맞기도 전에 울음이 터졌다.

(　　　　　)

짧아진 ㉠

동화 | 738자

선비에게는 세 명의 딸이 있었어요. 마을 사람들은 선비의 딸들이 아버지를 잘 모신다며 입을 모아 칭찬했어요.

하루는 선비가 먼 친척에게 여름옷을 선물로 받았어요. 선비가 옷을 입어 보니, 저고리는 딱 맞는데 바지가 너무 길었어요. 선비의 다리 길이보다 바지가 한 뼘이나 더 길었지요. 선비는 세 딸을 방으로 불렀어요.

"얘들아, 부탁할 것이 있다. 누가 이 바지를 한 뼘만 줄여 다오."

"네, 아버지."

선비의 말을 듣고 세 딸이 다 같이 대답했어요.

다음 날 오후가 되었어요. 선비는 밖에 나가려고 어제 선물 받은 옷을 입었어요. 그런데 어찌 된 일인지 무릎이 드러날 만큼 바지가 짧아져 있었어요. 깜짝 놀란 선비는 세 딸을 불러 물었어요.

"나는 분명히 바지를 한 뼘만 줄이라고 했는데, 왜 이리 짧아진 것이냐?"

첫째 딸이 바지를 보고 어리둥절한 표정을 지었어요.

"글쎄요. 저는 어젯밤에 분명 바지를 한 뼘만 줄였어요."

첫째 딸의 말에 둘째 딸이 화들짝 놀라며 말했어요.

"이걸 어째! 저도 오늘 새벽에 일어나 바지를 한 뼘 줄였어요."

언니들의 말을 듣고 있던 셋째 딸도 쭈뼛거리며 말했어요.

"저도 언니들이 이미 바지를 줄인 줄 모르고 오늘 아침에 바지를 한 뼘 줄였어요."

세 딸은 모두 울상이 되어 아버지께 잘못했다고 말했어요. 그런데 선비는 오히려 껄껄 웃었어요. 선비는 세 딸을 안고 다정한 목소리로 말했어요.

㉡"너희가 나를 위하는 마음이 지극하여 바지가 짧아진 것이로구나. 그렇다면 이 바지는 나에게 딱 맞는 바지란다."

어휘 풀이

- □ **뼘** 엄지손가락과 다른 손가락을 완전히 펴서 벌렸을 때에 두 끝 사이의 거리.

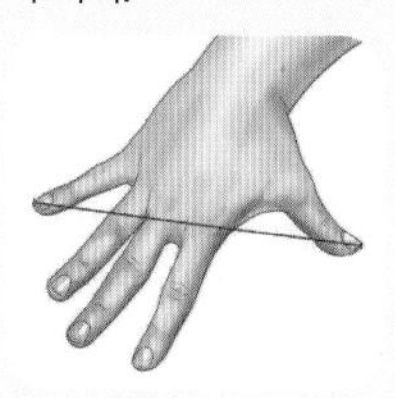

- □ **쭈뼛거리며** 쑥스럽거나 부끄러워서 자꾸 머뭇거리거나 주저하며.
- □ **울상** 울려고 하는 얼굴 표정.

- □ **지극하여** 어떤 것에 대하여 쏟는 관심이나 사랑 등이 더할 수 없이 정성스러워.

1 제목의 ㉠에 들어갈 알맞은 낱말을 이 글에서 찾아 쓰세요.

중심 생각

짧아진 [ ][ ]

2 선비가 선물로 받은 여름옷에 대한 설명으로 알맞지 않은 것에 ×표 하세요.

내용 이해

(1) 먼 친척에게 받았다. (　　)

(2) 저고리는 선비의 팔 길이보다 한 뼘 더 짧았다. (　　)

(3) 바지는 선비의 다리 길이보다 한 뼘 더 길었다. (　　)

3 이 글에서 '오늘 새벽'에 일어난 일은 무엇인가요? (　　)

내용 이해

① 선비가 세 딸을 방으로 불렀다.

② 선비가 밖에 나가려고 옷을 입었다.

③ 첫째 딸이 선비의 바지를 한 뼘 줄였다.

④ 둘째 딸이 선비의 바지를 한 뼘 줄였다.

⑤ 셋째 딸이 선비의 바지를 한 뼘 줄였다.

전략 적용

4 선비가 ㉡을 말할 때 느꼈을 마음을 알맞게 짐작한 친구의 이름을 쓰세요.

★ 추론

연주: 세 딸이 모두 잘못을 인정하지 않아 괘씸했을 거야.

승우: 바지가 다리 길이에 딱 맞게 줄어 기분이 좋았을 거야.

보라: 세 딸이 정성을 다해 자신의 부탁을 들어주어 흐뭇했을 거야.

(　　　　)

어떻게 알았나요?

선비는 ㉡을 [ ][ ][ ] 목소리로 말했어요.

3

여우와 두루미 | 이솝

동화 | 775자

교과 연계
국어활동 1-1 또박또박 읽어요

숲속에 심술궂은 여우가 살고 있었어요. 어느 날 여우는 물가에 사는 두루미를 놀리고 싶어졌어요. 여우는 두루미를 찾아가 말했어요.

"오늘 저녁에 우리 집에 놀러 올래? 내가 맛있는 수프를 끓여 줄게."

㉠"여우야, 나를 초대해 주다니 정말 고마워. 꼭 갈게!"

그날 저녁, 두루미는 여우네 집으로 갔어요. 여우는 김이 모락모락 나는 수프를 차려 주었어요. 하지만 두루미는 수프를 바라보기만 했어요. 여우가 납작한 접시에 수프를 담아 주었기 때문이에요. 부리가 길고 뾰족한 두루미는 수프를 먹을 수 없었어요.

'여우 녀석이 나를 놀리고 있구나.'

두루미는 부리로 접시만 콕콕 찍었어요. 여우는 아무것도 모르는 척 시치미를 떼며 말했어요.

"두루미야, 수프가 맛이 없니? 하나도 안 먹었네. 그럼 내가 먹을게!"

여우는 두루미의 수프까지 깨끗이 먹어 치웠어요. ㉡두루미는 쫄쫄 굶은 채 터덜터덜 집으로 돌아갔어요.

며칠 뒤, 이번에는 두루미가 여우를 집에 초대했어요. 두루미는 기다란 병에 수프를 담아 여우 앞에 놓았어요.

"네가 저번에 대접해 준 식사에 대한 보답이야. 맛있게 먹으렴!"

두루미는 병 속에 부리를 쑥 집어넣어 수프를 먹었어요. 하지만 여우의 짧은 주둥이는 기다란 병에 담긴 수프에 닿지 않았어요. 결국 여우는 수프를 맛보지도 못했어요. 두루미가 미소를 지으며 여우에게 말했어요.

"내가 만든 수프가 별로인가 봐. 하나도 안 먹었네."

두루미는 여우의 수프를 가져가 모두 먹어 버렸어요. 여우는 그제야 두루미가 자신을 놀리고 있다는 것을 깨달았어요. 여우는 약이 올랐지만 아무 말도 하지 못했어요.

어휘 풀이

- □ **심술궂은** 남을 괴롭히거나 남이 잘못되기를 바라는 마음이 많은.
- □ **김** 액체가 열을 받아 기체로 변한 것.

- □ **보답** 남에게 받은 은혜나 고마움을 갚음.
- □ **약이 올랐지만** 놀림을 받거나 하여 화가 났지만.

1

내용 이해

이 글의 내용으로 알맞지 않은 것에 ×표 하세요.

(1) 여우는 물가에 살고 두루미는 숲속에 살았다. (   )

(2) 여우는 두루미를 찾아가 자기 집에 초대했다. (   )

(3) 여우는 두루미에게 차려 준 수프까지 먹어 치웠다. (   )

2

내용 이해

다음은 여우네 집에 간 두루미가 겪은 일입니다. (   )에서 알맞은 말을 골라 ○표 하세요.

두루미는 부리가 (길고 / 짧고) 뾰족해서 (기다란 병 / 납작한 접시)에 담긴 수프를 먹을 수 없었다.

3

전략 적용

★추론

㉠과 ㉡에서 두루미의 마음이 어땠을지 찾아 알맞게 선으로 이으세요.

(1) ㉠ •   • ① 행복하고 기대되는 마음

(2) ㉡ •   • ② 속상하고 실망스러운 마음

4

★추론

이 글에서 여우가 했을 생각으로 알맞은 것은 무엇인가요? (   )

① '두루미가 준 수프는 별로 맛이 없네.'

② '내가 열심히 만든 수프를 두루미가 먹지 않아 속상해.'

③ '내가 두루미를 놀렸던 것처럼 두루미도 나를 놀리고 있구나.'

④ '나에게 맛있는 식사를 대접해 준 두루미에게 꼭 보답해야겠어.'

⑤ '다음에는 두루미에게 기다란 병에 수프를 담아 달라고 해야지.'

어떻게 알았나요?

두루미가 여우의 수프를 먹자, 여우는 두루미가 자신을 [ ][ ][ ] 있다는 것을 깨달았어요.

어휘 익히기

1 다음 낱말의 뜻으로 알맞은 것을 찾아 선으로 이으세요.

(1) 심술궂은 •

(2) 지극하여 •

(3) 다물어진다 •

• ① 윗입술과 아랫입술이 붙어서 입이 닫힌다.

• ② 남을 괴롭히거나 남이 잘못되기를 바라는 마음이 많은.

• ③ 어떤 것에 대하여 쏟는 관심이나 사랑 등이 더할 수 없이 정성스러워.

2 빈칸에 알맞은 낱말을 보기 에서 찾아 쓰세요.

보기
먼저　　보답　　울상

(1) 오늘은 다른 친구들보다 ☐☐ 교실에 도착했다.

(2) 잃어버린 지갑을 찾아 준 분께 꼭 ☐☐을 하고 싶다.

(3) 동생은 비가 와서 소풍이 취소되었다며 ☐☐을 지었다.

3 밑줄 친 낱말이 알맞게 쓰이지 않은 것에 V표 하세요.

(1) 주희는 부끄러운 듯 쭈뼛거리며 편지를 내밀었다. ☐

(2) 밖에서 부는 시원한 바람이 창문 틈으로 솔솔 빠진다. ☐

(3) 친구가 자꾸 장난을 쳐서 약이 올랐지만, 화내지 않고 꾹 참았다. ☐

4 '맑다', '뾰족하다'와 뜻이 반대되는 낱말을 보기 에서 찾아 각각 쓰세요.

반대되는 말

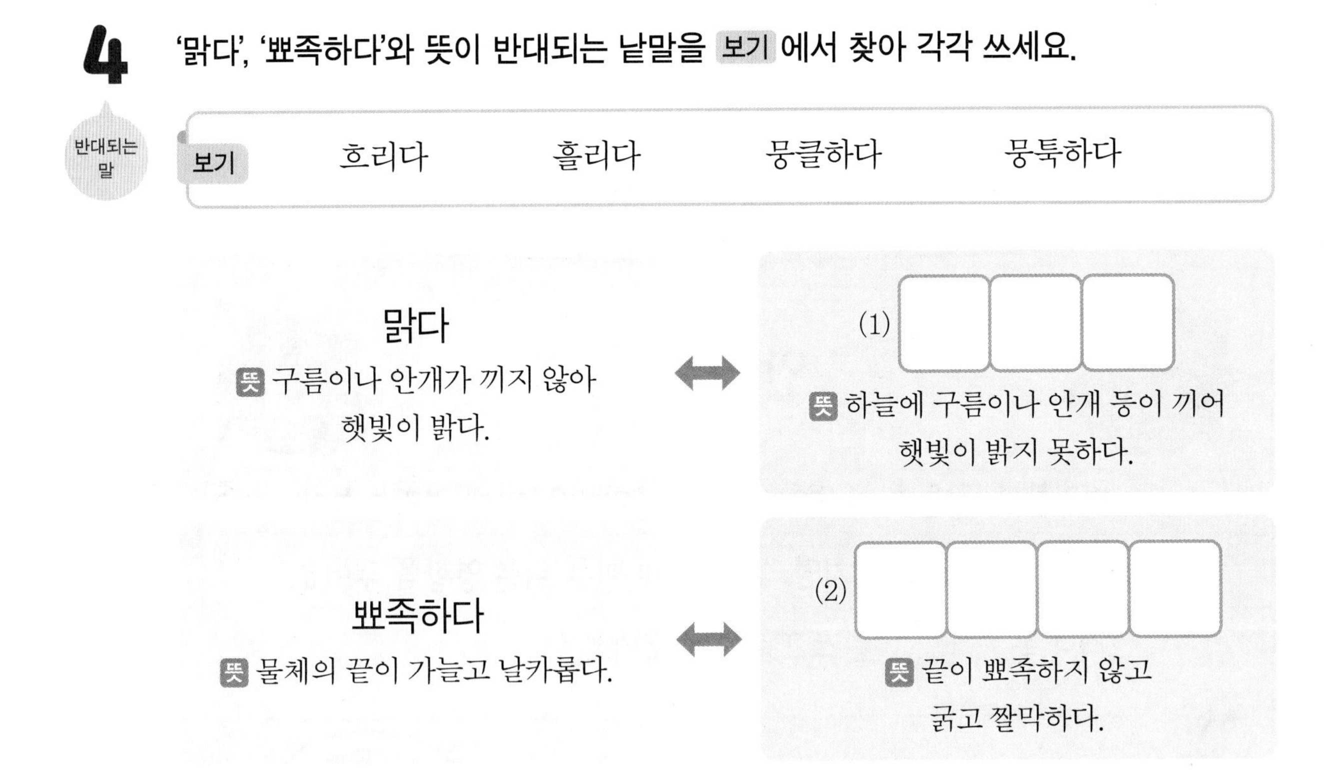

보기 흐리다 흘리다 뭉클하다 뭉툭하다

맑다
뜻 구름이나 안개가 끼지 않아 햇빛이 밝다.

↔ (1) □□□
뜻 하늘에 구름이나 안개 등이 끼어 햇빛이 밝지 못하다.

뾰족하다
뜻 물체의 끝이 가늘고 날카롭다.

↔ (2) □□□□
뜻 끝이 뾰족하지 않고 굵고 짤막하다.

5 다음을 읽고, 밑줄 친 말이 어울리는 상황에 ∨표 하세요.

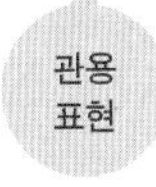
관용 표현

옛날 사람들은 사냥을 하기 위해 매를 키웠어요. 매의 주인은 자신의 이름과 주소 등을 적은 이름표를 매의 꽁지에 달아 놓았는데, 이 이름표를 '시치미'라고 불렀어요. 그런데 어떤 사람들은 남의 매를 훔친 뒤에 꽁지에 달린 시치미를 떼 버렸어요. 원래 주인이 매를 내놓으라고 따졌을 때 모르는 척하기 위해서였지요. 여기에서 '시치미를 떼다.'라는 말이 생겼어요. 이 말은 자기가 하고도 하지 않은 척하거나, 알면서도 모르는 척한다는 뜻이랍니다.

(1) 언니가 숨겨 둔 간식을 몰래 먹은 뒤에 모른 척하는 상황. □

(2) 오늘 입으려던 옷이 어디에 있는지 몰라서 답답해하는 상황. □

알맞은 낱말 짐작하기

개념 이해

학교에서 받은 안내문에 낱말 하나가 지워져 있어요. 여기에 원래 어떤 낱말이 적혀 있었을까요? 지워진 부분의 앞뒤 내용을 보면, 미세 먼지가 심할 때 써야 하는 물건이라는 것을 짐작할 수 있어요. 그러니 안내문에서 지워진 낱말은 바로 '마스크'일 거예요. 이처럼 빈칸에 들어갈 알맞은 낱말을 짐작하기 위해서는 빈칸의 앞뒤 내용을 잘 파악해야 해요.

이렇게 해요!

① 빈칸의 앞뒤 내용을 파악하여 빈칸에 들어갈 알맞은 낱말을 짐작해요.

② 짐작한 낱말을 빈칸에 넣어 보고, 내용이 자연스럽게 이어지는지 확인해요.

예 졸리거나 배부를 때, 자기도 모르게 입이 쩍 하고 벌어지면서 하품이 나와요. 그런데 왜 하품을 하고 나면 눈물이 날까요? 우리 눈에는 눈물을 모아 두는 눈물샘이 있어요.(빈칸의 앞 내용) 입을 크게 벌리면서 하품을 하면, 얼굴 근육이 눈물샘을 눌러서 눈물샘에 있던 [   ]이 나오게 되어요.

↳ 빈칸에 들어갈 알맞은 낱말: 눈물

그렇다고 빈칸의 앞뒤만 보면 안 돼! 글을 처음부터 읽으면서 내용을 이해하자.

확인 문제

■ 다음 빈칸에 들어갈 알맞은 낱말은 무엇인가요? (   )

요즘 어린이들은 만화 캐릭터가 그려진 카드를 모으고, 누가 더 좋은 카드를 가졌는지 겨루는 놀이를 해요. 캐릭터 카드가 없던 옛날에는 종이를 접어 만든 [   ]를 가지고 놀았어요. 이 놀이를 '딱지치기'라고 해요. 딱지치기는 상대방의 딱지를 바닥에 놓고, 자기 딱지로 힘껏 내려쳐서 뒤집으면 그 딱지를 가져가는 놀이예요. 상대방의 딱지를 뒤집지 못하면 차례를 바꾸어 자기 딱지를 바닥에 내려놓고 상대방이 치게 해요.

딱지치기는 무엇을 가지고 노는 놀이일까?

① 놀이 ② 딱지 ③ 종이
④ 카드 ⑤ 캐릭터

『세종 대왕』을 읽고 나서

인문 | 637자

교과 연계
우리나라 1-1 우리 한글

오늘은 10월 9일 한글날이다. 나는 한글날을 맞아 『세종 대왕』 책을 읽었다. 한글이 없던 옛날에는 중국의 문자인 한자로 글을 썼다고 한다. 그런데 한자는 평범한 백성들이 배우기에 너무 어려운 글자였다. 백성들은 한자를 몰라서 자신의 이름조차 쓰지 못했다. 그리고 책을 읽거나 편지를 쓸 수도 없었다.

세종 대왕님은 백성들이 글자를 알지 못해 불편하게 살아가는 것을 안타깝게 여기셨다. 그래서 누구나 쉽게 배울 수 있는 글자를 만드셨다. 세종 대왕님은 그 글자의 이름을 '훈민정음'이라고 지으셨다. 훈민정음은 '백성을 가르치는 바른 소리'라는 뜻이다. 세종 대왕님께서 한글을 만드신 덕분에 백성들은 자유롭게 글을 읽고 쓸 수 있게 되었다.

몇몇 신하들은 한글을 만드는 일에 크게 반대했다고 한다. 하지만 백성을 위한 글자를 만들겠다는 세종 대왕님의 마음을 돌릴 수는 없었다. 밤을 새우며 연구하느라 눈이 나빠져도, 세종 대왕님은 끝까지 훈민정음을 완성하려고 노력하셨다. 이러한 모습에서 [㉠]을 사랑하는 세종 대왕님의 마음이 느껴졌다.

한글이 없었다면, 나는 어려운 한자를 배우느라 무척 고생했을 것이다. 책을 읽고 나니 한글을 만들어 주신 세종 대왕님께 감사한 마음이 들었다. 앞으로 우리의 글자인 한글을 더욱 소중히 여기고 바르게 사용해야겠다.

어휘 풀이

- □ **평범한** 뛰어나거나 특별한 점이 없이 보통인.
- □ **안타깝게** 뜻대로 되지 않거나 보기에 딱하여 가슴 아프고 답답하게.
- □ **신하** 왕을 섬기어 나랏일을 맡아서 하는 관리.

- □ **연구하느라** 어떤 일이나 사물에 대해 자세히 조사하고 공부하느라.

1 중심 생각

글쓴이가 이 글을 쓴 까닭으로 알맞은 것에 ○표 하세요.

(1) 한글이 만들어지기 전에 사람들이 쓴 문자를 소개하려고 (　　)

(2) 한글을 소중히 여기고 바르게 사용해야 한다고 주장하려고 (　　)

(3) 『세종 대왕』 책을 읽고 알게 된 내용과 느낀 점을 기록하려고 (　　)

2 내용 이해

이 글에서 알 수 있는 내용으로 알맞지 않은 것은 무엇인가요? (　　)

① 한글날은 10월 9일이다.
② 모든 신하가 한글을 만드는 일에 찬성했다.
③ 한글이 없던 옛날에는 중국의 문자로 글을 썼다.
④ 한자는 평범한 백성들이 배우기에 어려운 글자였다.
⑤ 한글이 만들어진 덕분에 백성들이 자유롭게 글을 읽고 쓸 수 있게 되었다.

3 내용 이해

다음에서 설명하는 것을 이 글에서 찾아 빈칸에 알맞게 쓰세요.

- 세종 대왕이 만든 글자의 이름이다.
- '백성을 가르치는 바른 소리'라는 뜻이다.

□□□□

4 추론

전략 적용

㉠에 들어갈 알맞은 낱말은 무엇인가요? (　　)

① 책　② 백성　③ 옛날
④ 이름　⑤ 중국

어떻게 알았나요?

세종 대왕은 글자를 모르는 □□들을 위해 한글을 만들었어요.

다른 색, 다른 느낌

예술 | 672자

세상에는 여러 가지 색이 있어요. 여러분은 어떤 색을 가장 좋아하나요? 아마 사람마다 좋아하는 색이 다를 거예요. 하지만 많은 사람에게 비슷한 느낌을 주는 색이 있어요.

어떤 색은 따뜻하게 느껴지고, 어떤 색은 차갑게 느껴져요. 뜨거운 태양과 같은 빨간색, 주황색, 노란색은 따뜻한 느낌을 주는 색이에요. 반대로 시원한 바다가 떠오르는 하늘색, 파란색, 남색은 차가운 느낌을 주는 색이지요. 그래서 파란색으로 꾸며진 방보다 노란색으로 꾸며진 방이 더 따뜻하고 포근하게 느껴져요.

색에는 가벼운 느낌을 주는 색도 있고, 무거운 느낌을 주는 색도 있어요. 연두색이나 연노란색처럼 밝고 연한 색은 부드럽고 가벼운 느낌이 들어요. 하지만 고동색이나 검은색처럼 어둡고 짙은 색은 딱딱하고 무거운 느낌이 들어요.

색에 따라 감정이 다르게 느껴지기도 해요. 예를 들어 빨간색을 보면 불이 난 것처럼 위급한 상황이 떠올라서 자기도 모르게 긴장되어요. 이와 달리, 초록색을 보면 긴장이 풀리고 마음이 편안해져요. 그래서 신호등에서는 멈추라는 신호로 빨간색을 쓰고, 안심하고 건너라는 신호로 초록색을 써요. 또 화재 현장으로 급히 달려가는 소방차는 [㉠]이고, 건물에서 사고가 났을 때 안전한 곳으로 안내하는 비상구 표지판은 [㉡]이에요.

이처럼 색은 다양한 느낌을 주어요. 우리 주변에서 색이 주는 느낌을 활용한 예들을 더 찾아보아요.

어휘 풀이

- □ **짙은** 빛깔이 보통의 정도보다 뚜렷하고 강한.
- □ **위급한** 어떤 일이나 상태가 몹시 위험하고 급한.
- □ **화재** 집이나 물건이 불에 타는 재난.

- □ **비상구** 갑작스러운 사고가 생겼을 때 급히 밖으로 나갈 수 있도록 만들어 놓은 출입구.

1 이 글에서 설명하는 것은 무엇인가요? (　　)

중심 생각

① 표지판 색깔의 의미
② 바다가 파란색인 까닭
③ 사람들이 좋아하는 색
④ 색이 주는 다양한 느낌
⑤ 여러 가지 색으로 칠해진 그림

2 이 글의 내용으로 알맞지 않은 것에 ×표 하세요.

내용 이해

(1) 색에 따라 감정이 다르게 느껴지기도 한다. (　　)
(2) 연두색이나 연노란색은 딱딱하고 무거운 느낌이 든다. (　　)
(3) 색에는 따뜻하게 느껴지는 색과 차갑게 느껴지는 색이 있다. (　　)

전략 적용

3 ㉠과 ㉡에 들어갈 알맞은 낱말을 찾아 선으로 이으세요.

★ 추론

(1) ㉠ •　　　　• ① 빨간색
(2) ㉡ •　　　　• ② 초록색

4 이 글을 읽고, 다음 중 따뜻한 느낌을 주는 물건을 찾아 ○표 하세요.

창의

(1) (　　)　(2) (　　)　(3) (　　)

어떻게 알았나요?

빨간색, ☐☐☐, 노란색은 따뜻한 느낌을 주는 색이에요.

3 달리기를 하면 왜 숨이 가빠질까?

과학 | 624자

운동장을 힘껏 달리고 나면 숨이 가빠져요. 왜 달리기를 한 뒤에는 숨이 가빠질까요? 우리가 달릴 때, 우리 몸에서 평소와 다른 변화가 일어나기 때문이에요.

평소에 우리는 항상 숨을 쉬어요. 잠을 잘 때든, 깨어 있을 때든 계속 숨을 쉬지요. 숨을 쉬지 않으면 생명을 유지할 수 없어요. 우리가 들이마시는 공기 속에는 에너지를 만들어 내는 산소가 들어 있거든요. 에너지란 여러 가지 일을 할 수 있는 힘을 말해요.

우리 몸은 산소를 이용해서 에너지를 만들어요. 숨을 쉬면 코와 입을 거쳐 몸속으로 산소가 들어와요. 그리고 산소는 우리가 먹은 음식 속의 영양분과 만나 에너지를 만들어요. 우리는 이 에너지로 몸을 따뜻하게 유지하고, 생각을 하고, 팔다리를 움직여요.

달리기는 에너지를 많이 쓰는 활동이에요. 달릴 때는 가만히 앉아 있거나 천천히 걸을 때보다 많은 에너지를 써요. 그래서 달리기를 하는 중에는 몸에서 필요한 [㉠]의 양도 늘어나요. 결국 우리 몸은 산소를 더 많이 얻기 위해 숨을 자주 들이마셔요. 이것이 우리가 달리기를 하고 나서 숨을 헉헉대는 이유예요.

만약 달리기를 하다가 숨이 너무 가빠져 힘들다면, ㉡공기를 크게 들이마시고 내쉬어 보세요. 그러면 금방 평소의 상태를 되찾고, 다시 움직일 에너지가 생길 거예요.

어휘 풀이

- □ **가빠져요** 숨 쉬는 속도가 매우 빨라져 숨쉬기가 어려워져요.
- □ **생명** 사람이 살아서 숨 쉬고 활동할 수 있게 하는 힘.
- □ **산소** 사람이 숨을 쉬는 데 없어서는 안 되는, 공기 속에 많이 들어 있는 물질.
- □ **영양분** 생물이 생명을 유지하고 몸을 성장시키는 데 필요한 성분.

1 이 글의 내용으로 알맞지 않은 것은 무엇인가요? (　　　)

내용 이해

① 공기 속에는 산소가 들어 있다.
② 달리기는 에너지를 적게 쓰는 활동이다.
③ 숨을 쉬지 않으면 생명을 유지할 수 없다.
④ 우리는 에너지로 몸을 따뜻하게 유지한다.
⑤ 에너지는 여러 가지 일을 할 수 있는 힘이다.

2 우리 몸이 어떻게 에너지를 만드는지 빈칸에 알맞은 낱말을 쓰세요.

내용 이해

(1) [　] 을 쉬면 몸속으로 산소가 들어온다.

⬇

산소와 (2) [　][　][　] 이 만나 에너지가 만들어진다.

전략 적용

3 ㉠에 들어갈 알맞은 낱말은 무엇인가요? (　　　)

✶추론

① 잠　② 산소　③ 생각
④ 활동　⑤ 영양분

4 ㉡의 결과를 알맞게 짐작한 친구의 이름을 쓰세요.

✶추론

진수: 몸속에 산소가 부족해져서 숨을 더 자주 들이마시게 될 거야.
연지: 많은 양의 산소가 몸속으로 들어와서 에너지가 많이 만들어질 거야.

(　　　　　　　　)

어떻게 알았나요?

숨이 가쁠 때 공기를 크게 들이마시고 내쉬면 다시 움직일 [　][　][　] 가 생겨요.

어휘 익히기

1 다음 낱말의 뜻으로 알맞은 것을 찾아 선으로 이으세요.

(1) 생명 •
(2) 가빠져요 •
(3) 연구하느라 •

• ① 사람이 살아서 숨 쉬고 활동할 수 있게 하는 힘.
• ② 숨 쉬는 속도가 매우 빨라져 숨쉬기가 어려워져요.
• ③ 어떤 일이나 사물에 대해 자세히 조사하고 공부하느라.

2 빈칸에 알맞은 낱말을 보기 에서 찾아 쓰세요.

보기 비상구 영양분 평범한

(1) 오늘도 다른 날과 똑같이 ☐☐☐ 하루를 보냈다.

(2) 건물에 불이 나자 사람들이 ☐☐☐로 몰려들었다.

(3) 음식을 골고루 먹어야 ☐☐☐을 충분히 얻을 수 있다.

3 밑줄 친 낱말이 알맞게 쓰이지 않은 것에 ∨표 하세요.

(1) 날씨가 따뜻해서 두께가 짙은 옷을 입었다. ☐

(2) 위급한 상황일수록 침착하게 행동해야 한다. ☐

(3) 불이 나서 까맣게 타 버린 산을 안타깝게 바라보았다. ☐

4 '유지하다'와 뜻이 비슷한 낱말을 보기 에서 찾아 쓰세요.

비슷한 말

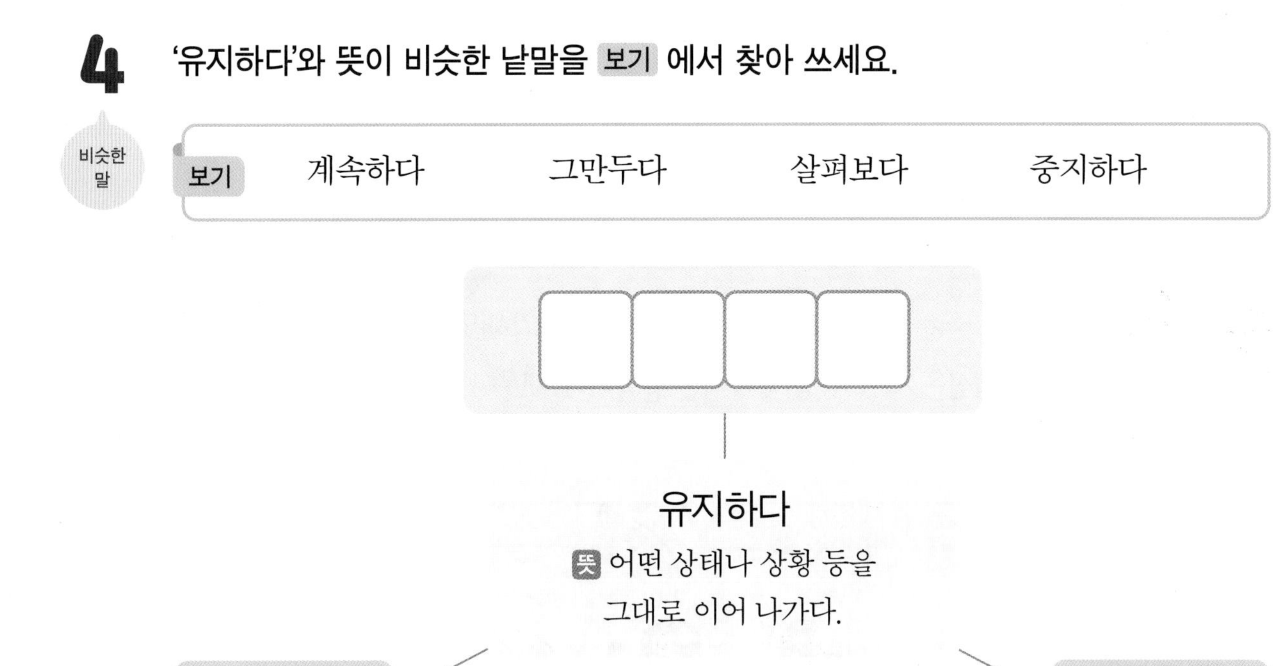

5 다음을 읽고, (　　)에서 알맞은 낱말을 골라 ○표 하세요.

헷갈리는 말

가르치다	가리키다
뜻 지식이나 기술 등을 설명해서 익히게 하다.	뜻 손가락이나 물건으로 어떤 방향이나 대상을 콕 집어서 말하거나 알리다.
가 나 다	

(1) 선생님께서 젓가락질하는 방법을 (가르쳐 / 가리켜) 주셨다.

(2) 친구가 내 옷에 묻은 얼룩을 손가락으로 (가르쳤다 / 가리켰다).

글쓴이의 생각 판단하기

개념 이해

야옹이가 내세우는 생각은 매일 생선만 먹어도 된다는 거예요. 야옹이가 한 말을 듣고 한 친구는 야옹이의 생각이 옳다고 말하고, 다른 친구는 옳지 않다고 말하고 있어요.

이처럼 누군가의 생각은 옳을 수도 있고, 옳지 않을 수도 있어요. 그러니 글쓴이의 생각이 나타난 글을 읽을 때는 글쓴이의 생각이 옳은지 판단해 보아야 해요.

이렇게 해요!

① 글을 읽으며, 글쓴이가 내세우는 생각이 무엇인지 찾아보아요.

② 글쓴이의 생각이 옳은지, 옳지 않은지 판단해요.

예 야옹이의 생각은 옳지 않다. 한 가지 음식만 먹으면 건강에 나쁘기 때문이다.

글쓴이의 생각을 판단할 때는 그렇게 생각한 까닭도 살펴봐야 해!

확인 문제

■ 다음 글을 읽고, 글쓴이의 생각을 판단하였습니다. (　　)에서 알맞은 말을 골라 ○표 하세요.

우리는 모두 자기만의 이름이 있어요. 어떤 이름이든 부모님이 좋은 뜻을 담아서 지어 주신 예쁘고 소중한 이름이에요.

그런데 우리 반에 다른 친구의 이름을 마음대로 바꾸어 부르는 친구들이 있어요. 이름에서 한 글자를 이상한 말로 바꾸거나, 심지어 이름과 비슷한 소리가 나는 물건의 이름으로 별명을 지어 부르기도 해요.

이렇게 함부로 이름을 바꾸어 부르면 친구의 기분이 상할 거예요. 그리고 누구의 이름을 부르는지 알아듣기도 어려워요. 그러니 예쁘고 소중한 친구의 이름을 바르게 불러야 해요.

글쓴이는 부모님이 지어 주신 이름이 예쁘고 소중하다고 말하고 있어.

친구의 이름을 (1) (바꾸어 / 바르게) 불러야 한다는 것이 글쓴이의 생각이야. 나도 친구가 이름 대신 별명을 불러서 기분이 나빴던 적이 있어. 그래서 글쓴이의 생각이 (2) (옳다고 / 옳지 않다고) 생각해.

학교에서 지켜야 할 규칙

생활 | 621자

교과 연계
학교 1-1 실내에서는 이렇게

놀이터, 도서관, 식당처럼 많은 사람이 함께 이용하는 공간에서는 규칙을 지켜야 해요. 규칙이란 여러 사람이 다 같이 지키기로 정한 약속을 말해요. 학교에도 모두가 즐겁게 생활하기 위해 지켜야 할 규칙들이 있어요.

첫째, 밖에서 학교 건물 안으로 들어갈 때 신발을 갈아 신어요. 바깥에서 신던 신발에는 흙과 먼지가 잔뜩 묻어 있어요. 이 신발을 신고 건물 안에 들어가면 바닥이 [㉠]. 그러니 학교 현관문 앞에서 깨끗한 실내화로 갈아 신어야 해요.

둘째, 복도와 계단에서 뛰지 않고 오른쪽으로 사뿐사뿐 걸어요. 복도와 계단을 뛰어다니면 미끄러지거나 넘어질 수 있어요. 특히 계단을 두세 칸씩 오르내리는 것은 매우 위험한 행동이에요. 발을 헛디뎌 높은 곳에서 떨어질 수 있기 때문이에요. 또한 복도와 계단에서는 오른쪽으로 걸어 다녀야 해요. 모두가 오른쪽으로 걸으면 맞은편에서 오는 친구와 부딪치지 않고 안전하게 지나다닐 수 있어요.

셋째, 화장실 앞에서 줄을 서서 차례를 기다려요. 화장실에 들어가려고 줄을 서 있는데, 나보다 늦게 온 사람이 앞쪽에 끼어들면 기분이 나쁠 거예요. 또 줄을 서지 않으면 서로 먼저 화장실에 들어가려다가 다 함께 넘어질 수도 있어요. 그러므로 화장실에서는 먼저 온 순서대로 줄을 서서 기다려요.

어휘 풀이

- □ **공간** 어떤 일을 하기 위한 특정한 장소.
- □ **헛디뎌** 발을 잘못 디디어.
- □ **맞은편** 서로 마주 보이는 편.
- □ **끼어들면** 자기 순서나 자리가 아닌 틈 사이를 비집고 들어서면.

1 글쓴이의 생각으로 알맞은 것에 ○표 하세요.

내용 이해

(1) 조용한 도서관을 만들려면 새로운 규칙을 정해야 한다. ( )

(2) 모두가 즐겁게 생활하기 위해 학교에서 규칙을 지켜야 한다. ( )

(3) 학교 건물 밖에서도 실내화를 신을 수 있는 규칙을 만들어야 한다. ( )

2 다음은 이 글의 내용을 정리한 것입니다. 빈칸에 알맞은 낱말을 쓰세요.

구조 파악

학교에서 지켜야 할 규칙

- 학교 안으로 들어갈 때 신발을 갈아 신는다.
- 복도와 계단에서 뛰지 않고 (1) □□□ 으로 걷는다.
- 화장실에서 (2) □ 을 서서 차례를 기다린다.

어떻게 알았나요?

글쓴이는 학교에서 지켜야 할 규칙을 첫째, 둘째, □□ 로 나누어 설명하고 있어요.

3 ㉠에 들어갈 알맞은 낱말은 무엇인가요? ( )

추론

① 가라앉아요 ② 깨끗해져요 ③ 더러워져요

④ 딱딱해져요 ⑤ 매끈해져요

전략 적용

4 이 글을 읽고, 글쓴이의 생각을 알맞게 판단한 친구의 이름을 쓰세요.

평가

선태: 학교에서 규칙을 지키지 않으면 학교가 지저분해지고 우리가 다칠 수도 있어. 그래서 나는 글쓴이의 생각이 옳다고 생각해.

정주: 내 친구는 복도에서 뛰어다니다가 넘어졌지만, 나는 그런 적이 한 번도 없었어. 그래서 나는 글쓴이의 생각이 옳지 않다고 생각해.

( )

일회용품을 줄이자

생활 | 599자

교과 연계
약속 1-2 일회용품을 줄여요

일회용품은 한 번 쓰고 버리도록 만들어진 물건이에요. 사람들이 자주 쓰는 일회용품에는 비닐봉지, 종이컵, 나무젓가락 등이 있어요. 일회용품은 쓰고 난 뒤에 바로 버릴 수 있어서 편리하지만, 환경을 오염시키고 숲을 파괴해요. 그러므로 우리는 다음과 같은 일을 실천하여 일회용품의 사용을 줄여야 해요.

우선, 비닐봉지를 적게 써야 해요. 사람들이 쓰고 버린 비닐봉지는 쓰레기가 되어 땅에 묻혀요. 이 비닐봉지가 완전히 썩어서 없어지려면 50년이 넘게 걸린다고 해요. 비닐봉지는 이렇게 오랫동안 땅에 남아서 흙을 오염시켜요. 그러니 물건을 담을 때 비닐봉지 대신에 여러 번 쓸 수 있는 가방을 사용하도록 해요.

종이컵과 나무젓가락도 적게 써야 해요. 종이컵과 나무젓가락을 많이 사용하면 숲이 줄어들어요. 종이컵과 나무젓가락은 숲에 있는 나무를 베어서 만들기 때문이에요. 그런데 숲은 지구에서 아주 중요한 역할을 해요. 숲은 공기를 맑게 하고, 동물과 식물의 보금자리가 되어 주지요. 우리가 종이컵과 나무젓가락을 덜 쓴다면 소중한 숲을 보호할 수 있어요.

처음에는 일회용품을 적게 쓰는 것이 힘들 수 있어요. 하지만 환경과 숲을 위해 우리가 무심코 쓰는 일회용품 사용을 줄여 나가요.

어휘 풀이

- □ **오염시키고** 더러운 상태가 되게 하고.

- □ **실천하여** 생각한 것을 실제 행동으로 옮기어.
- □ **보금자리** 지내기에 매우 편안하고 아늑한 곳.
- □ **무심코** 아무런 뜻이나 생각이 없이.

1 글쓴이의 생각을 정리할 때, (　　)에서 알맞은 낱말을 골라 ○표 하세요.

중심 생각

비닐봉지와 종이컵, 나무젓가락을 (적게/많이) 써서 일회용품의 사용을 (줄여야/늘려야) 한다.

어떻게 알았나요?

비닐봉지, [　][　]컵, [　][　]젓가락은 일회용품이에요.

2 이 글의 내용으로 알맞지 않은 것은 무엇인가요? (　　)

내용 이해

① 숲은 공기를 맑게 한다.
② 땅에 묻힌 비닐봉지는 흙을 오염시킨다.
③ 숲은 동물과 식물의 보금자리가 되어 준다.
④ 종이컵과 나무젓가락은 나무를 베어서 만든다.
⑤ 일회용품은 여러 번 쓰고 버리도록 만들어진 물건이다.

전략 적용

3 글쓴이의 생각을 알맞게 판단한 것에 ○표 하세요.

평가

(1) 글쓴이의 생각은 옳지 않다. 왜냐하면 일회용품은 우리에게 꼭 필요한 물건이기 때문이다. (　　)

(2) 글쓴이의 생각은 옳다. 왜냐하면 일회용품을 줄여야 우리가 사는 지구를 지킬 수 있기 때문이다. (　　)

4 다음 중 글쓴이가 할 행동으로 알맞지 않은 것을 찾아 기호를 쓰세요.

창의

㉮ 물건을 사러 갈 때 천으로 된 가방을 가져간다.
㉯ 소풍을 갈 때 다 쓰고 바로 버릴 수 있는 나무젓가락을 챙긴다.
㉰ 물을 마실 때 종이컵 대신 여러 번 쓸 수 있는 유리컵을 사용한다.

(　　　　)

돌고래를 바다로 돌려보내 주세요

사회 | 635자

돌고래는 사람들이 좋아하는 동물이에요. 그래서 귀여운 돌고래를 보려고 수족관을 찾는 사람들이 많아요. 하지만 저는 돌고래가 수족관에 살면 안 된다고 생각해요. 돌고래에게 수족관은 너무 좁기 때문이에요.

돌고래는 원래 바다에 살아요. 돌고래는 넓은 바다를 헤엄치며 하루에 100킬로미터 이상을 이동해요. 이 거리는 차를 타고 한 시간이 넘게 걸릴 만큼 먼 거리예요. 하지만 돌고래가 갇혀 있는 수족관의 길이는 고작 스무 걸음 정도예요. 이렇게 좁은 수족관에서 돌고래는 자유롭게 움직일 수 없어 엄청난 스트레스를 받아요. 그러다 스트레스가 심해지면 움직이지 않거나 벽에 머리를 들이받는 등 이상 행동을 하기도 해요.

돌고래는 사람에게는 들리지 않는 '초음파'라는 소리를 내보내 다른 돌고래와 대화를 해요. 그런데 좁은 수족관에서 초음파를 내면, 초음파가 멀리 퍼져 나가지 못하고 벽에 부딪혀 돌아와요. 돌고래는 시끄러운 초음파에 고통스러워하다가 결국 병이 생겨요.

답답한 수족관에 사는 돌고래는 일찍 세상을 떠나요. 바다에서 돌고래는 30년에서 50년 정도 살지만, 수족관에서는 보통 10년을 살지 못한다고 해요. 돌고래가 오래오래 건강하고 행복하게 살 수 있는 곳은 바다예요. 그러니 수족관에 있는 모든 돌고래를 바다로 돌려보내 주어야 해요.

어휘 풀이

- □ **수족관** 물속에 사는 생물을 길러, 살아가는 모습을 관찰할 수 있도록 만든 곳.

- □ **갇혀** 사람이나 동물이 어떤 장소에 넣어져 밖으로 나오지 못하게 되어.
- □ **들이받는** 머리를 가까이 가져다 대고 세게 부딪치는.
- □ **고통스러워하다가** 몸이나 마음이 괴롭고 아프다가.

1 글쓴이의 생각이 무엇인지 빈칸에 알맞은 낱말을 쓰세요.

중심 생각

[ ][ ][ ]에 있는 돌고래를 [ ][ ]로 돌려보내 주어야 한다.

2 돌고래에 대한 설명으로 알맞지 않은 것에 ×표 하세요.

내용 이해

(1) 바다에서 보통 10년을 살지 못한다. ( )

(2) 바다에서 하루에 100킬로미터 이상을 이동한다. ( )

(3) 사람에게 들리지 않는 '초음파'라는 소리를 내보낸다. ( )

어떻게 알았나요?

바다에서 돌고래는 [ ][ ]년에서 [ ][ ]년 정도 살아요.

3 이 글에서 수족관의 돌고래가 겪는 일로 제시한 것을 두 개 찾아 기호를 쓰세요.

내용 이해

㉮ 자유롭게 움직일 수 없어 스트레스를 받는다.
㉯ 사람들의 시선을 피해 숨을 곳이 없어 불안해한다.
㉰ 친구나 가족과 함께 지낼 수 없어 외로움을 느낀다.
㉱ 초음파를 내보내면 초음파가 벽에 부딪혀 돌아와 고통스러워한다.

(,)

전략 적용

4 다음은 이 글을 읽고 든 생각입니다. 빈칸에 들어갈 알맞은 말에 ○표 하세요.

평가

나는 글쓴이의 생각이 옳다고 생각해. 왜냐하면 [ ]

(1) 수족관에서 돌고래를 볼 수 없으면 아쉬울 것 같기 때문이야. ( )

(2) 돌고래는 바다보다 수족관에서 더 안전하게 살 수 있기 때문이야. ( )

(3) 돌고래는 수족관이 아니라 넓은 바다에서 살아야 행복하기 때문이야. ( )

어휘 익히기

1 다음 낱말의 뜻으로 알맞은 것을 찾아 선으로 이으세요.

(1) 공간 •　　　• ① 더러운 상태가 되게 하고.

(2) 들이받는 •　　　• ② 어떤 일을 하기 위한 특정한 장소.

(3) 오염시키고 •　　　• ③ 머리를 가까이 가져다 대고 세게 부딪치는.

2 빈칸에 알맞은 낱말을 보기 에서 찾아 쓰세요.

보기　맞은편　무심코　수족관

(1) 내가 ☐☐☐ 한 말 때문에 친구가 상처를 받았다.

(2) 이번 주말에는 ☐☐☐에 가서 해파리를 볼 것이다.

(3) 나는 ☐☐☐에 앉은 영우와 얼굴을 마주 보고 웃었다.

3 밑줄 친 낱말이 알맞게 쓰이지 않은 것에 ∨표 하세요.

(1) 노란 새가 새장에 갇혀 있다. ☐

(2) 일기 쓰기를 잘 실천하여 상을 받았다. ☐

(3) 식탁 위로 팔을 헛디뎌 멀리 있는 음식을 집었다. ☐

4 '지키다', '편리하다'와 뜻이 반대되는 낱말을 보기 에서 찾아 각각 쓰세요.

반대되는 말

보기 따르다 어기다 간편하다 불편하다

지키다
뜻 규칙이나 약속 등을 잘 따르다.

↔ (1) ☐☐☐
뜻 규칙이나 약속 등을 지키지 않다.

편리하다
뜻 이용하기 쉽고 편하다.

↔ (2) ☐☐☐☐
뜻 이용하기에 편리하지 않다.

5 다음을 읽고, 밑줄 친 속담이 어울리는 상황에 ∨표 하세요.

관용 표현

미꾸라지는 강이나 웅덩이에 사는 물고기예요. 미꾸라지는 바닥에 깔린 진흙을 파헤치면서 먹이를 찾아요. 그래서 미꾸라지가 먹이를 먹을 때면, 진흙이 퍼지면서 물이 뿌옇게 흐려져요. 옛사람들은 이 모습을 보고 '미꾸라지 한 마리가 온 웅덩이를 흐려 놓는다.'라는 속담을 만들었어요. 이 속담에는 한 사람의 잘못된 행동이 주변 사람들에게 나쁜 영향을 미친다는 뜻이 담겨 있어요.

(1) 수업 시간에 친구와 떠들지 않고 선생님 말씀에 집중하는 상황. ☐

(2) 도서관에서 한 명이 떠들기 시작하자 모두가 떠들어서 시끄러워진 상황. ☐

읽기 전략 12 일상생활에 적용하기

개념 이해

운동장에서 친구와 신나게 놀고 나면 손이 더러워져요. 공이나 놀이기구에 더러운 흙과 먼지가 잔뜩 묻어 있기 때문이에요. 이때 어떻게 손을 씻어야 깨끗해질까요? 비누가 더러움을 없애 준다고 설명하는 글을 읽었다면, 비누로 거품을 내서 손을 씻을 거예요. 이처럼 우리는 글의 내용을 잘 이해해서 일상생활에 적용해 볼 수 있어요.

이렇게 해요!

① 글을 읽으며 내용을 이해해요.

② 글의 내용을 일상생활과 연결 지어 생각해 보고, 알맞게 적용한 것을 찾아요.

확인 문제

■ 다음 글을 읽고, 보기 의 음식을 만들 때 사용할 수 있는 꽃으로 알맞은 것에 ○표 하세요.

봄에 피는 분홍색 꽃인 진달래와 철쭉은 비슷해 보이지만 차이가 있어요. 진달래 꽃잎에는 점이 없거나, 점이 있더라도 옅어서 잘 보이지 않아요. 하지만 철쭉 꽃잎에는 짙은 색의 점이 있어요. 그리고 진달래는 꽃잎을 먹을 수 있어서 음식에 넣기도 해요. 이와 달리, 철쭉은 꽃잎에 독이 있어서 먹으면 안 돼요.

보기

화전은 찹쌀가루 반죽을 납작하게 부쳐서 꽃잎을 얹은 음식이다. 화전을 만들 때는 먹을 수 있는 꽃잎을 사용해야 한다.

진달래와 철쭉 중에 먹을 수 있는 꽃은 무엇일까?

(1) 

( )

(2) 

( )

편지로 마음을 전해요

인문 | 660자

교과 연계
국어 2-1 마음을 담아서 말해요

우리는 다른 사람에게 마음을 전하기 위해 편지를 써요. 고마운 마음도, 미안한 마음도, 축하하는 마음도 편지에 담아 전할 수 있어요. 편지를 받을 사람에게 나의 마음을 잘 전하려면, 편지 쓰는 방법을 익히는 것이 좋아요.

편지지의 가장 위에는 편지를 받을 사람을 써요. 받을 사람이 친구이면 이름 뒤에 '에게'를 붙여요. 그리고 받을 사람이 웃어른이면 이름 뒤에 '께'를 붙여요. 예를 들어 친구 준우에게 보내는 편지에는 '준우에게', 부모님께 보내는 편지에는 '부모님께'라고 써요.

받을 사람을 쓴 다음에는 첫인사, 전하고 싶은 말, 끝인사를 순서대로 써요. 첫인사는 편지를 받을 사람에게 잘 지내는지를 물어보는 말이에요. 보통 '안녕?' 또는 '안녕하세요?'라고 써요. 전하고 싶은 말은 편지를 통해 하고 싶은 말이에요. 받을 사람의 마음을 생각하며 편지를 쓴 까닭을 알기 쉽게 써요. 예를 들어 고마운 마음을 전하고 싶다면, 고마웠던 일과 그때 나의 마음이 잘 드러나게 자세히 써야 해요. 끝인사에는 편지를 받을 사람이 잘 지내기를 바라는 마음을 담아요.

마지막으로 편지를 쓴 날짜와 쓴 사람을 써요. 쓴 날짜는 편지를 보내는 날의 연, 월, 일이에요. 쓴 사람에는 자신의 이름을 쓰면 되는데, 편지를 받을 사람이 웃어른이면 이름 뒤에 '드림'이나 '올림'을 반드시 붙여야 해요.

어휘 풀이

- □ **전하기** 어떤 소식, 생각 등을 상대에게 알리기.
- □ **편지지** 편지를 쓰는 종이.
- □ **웃어른** 나이나 지위, 신분 등이 자기보다 높은 어른.

- □ **반드시** 틀림없이 꼭.

1
중심 생각

이 글에서 설명하는 것이 무엇인지 빈칸에 알맞은 낱말을 쓰세요.

편지를 쓰는 [ ][ ]

2
내용 이해

이 글의 내용으로 알맞지 않은 것에 ×표 하세요.

(1) 끝인사에는 편지를 쓴 까닭을 알기 쉽게 쓴다. ( )

(2) 편지지의 가장 위에는 편지를 받을 사람을 쓴다. ( )

(3) 첫인사는 보통 '안녕?' 또는 '안녕하세요?'라고 쓴다. ( )

3
내용 이해

편지를 쓸 때 끝인사 다음에 쓰는 것을 두 개 고르세요. (,)

① 전하고 싶은 말 ② 편지를 쓴 날짜 ③ 편지를 쓴 사람
④ 편지를 쓴 장소 ⑤ 편지를 받을 사람

4
창의

전략 적용

이 글을 읽고, 다음 편지를 고칠 방법으로 알맞은 것에 ○표 하세요.

경비원 아저씨께

아저씨, 안녕하세요? 저는 708호에 사는 민지예요.

어제 제가 잃어버린 가방을 함께 찾아 주셔서 감사해요. 아저씨께서 도와주셔서 가방을 찾을 수 있었어요. 아저씨 말씀대로 앞으로는 물건을 잘 챙길게요. 정말 감사해요.

그럼 안녕히 계세요.

20○○년 ○월 ○일

민지가

(1) '그럼 안녕히 계세요.'를 지운다. ( )

(2) 마지막 줄의 '민지가'를 '민지 올림'으로 고친다. ( )

(3) '경비원 아저씨께'를 '경비원 아저씨에게'로 고친다. ( )

어떻게 알았나요?

편지를 받을 사람이 웃어른이면 이름 뒤에 '드림'이나 '[ ][ ]'을 붙여야 해요.

지진이 일어나면 어떻게 할까?

생활 | 518자

교과 연계
하루 1-2 세상이 흔들흔들

지진은 지구 안쪽에 커다란 변화가 생겨 땅이 흔들리는 현상이에요. 우리 나라에서도 지진이 종종 일어나요. 지진이 일어나면 집 안에 있는 물건이 떨어지고, 건물과 도로가 무너지기도 해요. 이때 침착하게 대처하지 못하면 큰 사고가 날 수 있어요. 지진이 일어났을 때는 이렇게 행동해야 해요.

올바른 지진 대처 방법

건물 안에서는

1. 튼튼한 탁자 아래로 들어가 몸을 숨기고, 탁자 다리를 꽉 잡아요.
2. 흔들림이 멈추면 승강기를 타지 말고 계단을 이용해 건물 밖으로 나가요.

건물 밖에서는

1. 가방이나 손으로 머리를 보호해요.
2. 건물과 떨어져서 주위를 살피며 운동장이나 공원과 같은 넓은 장소로 피해요.

승강기나 지하철에서는

1. 승강기 안에 있다면 모든 층의 버튼을 누르고, 가장 먼저 멈추는 층에서 내려요. 그런 다음 계단을 이용해 건물 밖으로 나가요.
2. 지하철을 타고 있다면 넘어지지 않게 손잡이를 꽉 잡고, 지하철이 멈추면 안내에 따라 행동해요.

지진은 갑작스럽게 일어나요. 그래서 지진에 대처하는 방법을 미리 알아 두어야 [㉠]을 지킬 수 있어요.

어휘 풀이

- □ **대처하지** 어떤 어려운 일이나 상황을 이겨 내기에 알맞게 행동하지.
- □ **사고** 뜻밖에 일어난 좋지 않은 일.
- □ **승강기** 사람이나 짐을 위아래로 나르는 장치.

- □ **갑작스럽게** 미처 생각할 틈이 없이 급하게.

1

중심 생각

지진은 어떤 현상인지 (   )에서 알맞은 낱말을 골라 ○표 하세요.

지구 (안쪽 / 바깥쪽)에 커다란 변화가 생겨 땅이 (마르는 / 흔들리는) 현상

2

내용 이해

다음 중 각각의 장소에서 지진에 대처하는 방법을 찾아 기호를 쓰세요.

㉮ 손잡이를 꽉 잡고 안내에 따라 행동한다.
㉯ 튼튼한 탁자 아래로 들어가서 몸을 숨긴다.
㉰ 운동장이나 공원과 같은 넓은 장소로 피한다.
㉱ 모든 층의 버튼을 누르고, 가장 먼저 멈추는 층에서 내린다.

(1) 건물 안: (   ) (2) 건물 밖: (   )

(3) 승강기 안: (   ) (4) 지하철 안: (   )

3

★추론

㉠에 들어갈 알맞은 낱말은 무엇인가요? (   )

① 규칙 ② 시간 ③ 안전
④ 약속 ⑤ 예절

어떻게 알았나요?

지진이 일어났을 때 침착하게 대처하지 못하면 큰 [ ][ ]가 날 수 있어요.

4

전략 적용

창의

다음 그림 속 상황에서 흔들림이 멈추었을 때 해야 할 행동을 알맞게 말한 친구에게 ○표 하세요.

(1) 상우: 승강기를 타고 옥상으로 올라가야 해. (   )
(2) 서준: 책상의 다리를 잡고 가만히 있어야 해. (   )
(3) 혜리: 계단을 이용해서 학교 밖으로 나가야 해. (   )

3 강낭콩 기르기

과학 | 700자

교과 연계
자연 2-1 나도 농부야

관찰 날짜: 20○○년 4월 5일　　준비물: 강낭콩 씨앗, 화분, 흙, 물뿌리개, 물

나는 오늘 강낭콩 씨앗을 심었다. 엄마, 아빠께서 오늘은 식목일이니 식물을 심어 보자고 하셨기 때문이다. 강낭콩 씨앗에 사랑을 주면서 잘 기르면, 잎도 나고 꽃도 핀다고 한다.

먼저 화분에 흙을 채우고 손가락 한 마디가 들어갈 만큼 구멍을 뚫었다. 그런 다음 구멍 속에 강낭콩 씨앗을 넣고 흙으로 덮었다. 그리고 물뿌리개로 물을 듬뿍 준 뒤, 햇빛이 잘 드는 창가에 화분을 내다 놓았다.

강낭콩의 이름은 '콩이'라고 지었다. 동글동글한 생김새와 어울리는 것 같아 마음에 든다. 콩이에게 어서 싹이 나면 좋겠다.

관찰 날짜: 20○○년 4월 12일

콩이를 심은 지 일주일이 지났다. 어느새 흙 위로 연두색 새싹이 나 있었다. 손톱만 한 새싹이 너무 귀엽다. 아침마다 잘 크고 있는지 확인하고, 3일에 한 번씩 물을 준 보람이 있다. 콩이가 힘내서 싹을 내 주었다고 생각하니 고마운 마음이 들었다.

관찰 날짜: 20○○년 5월 7일

콩이에게 꽃이 피었다! 싹이 난 뒤로 줄기와 잎이 쑥쑥 자라더니, 며칠 전에는 꽃봉오리가 맺혔다. 며칠을 기다려도 꽃이 피지 않아 걱정했는데, 오늘 드디어 예쁜 꽃이 핀 것이다. 꽃은 나비 날개 모양으로 하얗고 아담했다. 엄마는 꽃이 지면 '꼬투리'라고 부르는 기다란 열매가 맺힐 거라고 하셨다. 콩이의 꼬투리가 어떻게 생겼을지 궁금하다.

어휘 풀이

- □ **관찰** 사물이나 현상을 주의 깊게 자세히 살펴봄.
- □ **확인하고** 틀림없이 그러한지를 알아보거나 인정하고.
- □ **꽃봉오리** 아직 피지 않은 꽃.

- □ **맺혔다** 열매나 꽃 등이 생겨났다.
- □ **아담했다** 보기에 좋게 자그마했다.

1 중심 생각

이 글은 무엇에 대해 쓴 글인지 빈칸에 알맞은 낱말을 쓰세요.

☐☐☐이 자라는 모습을 관찰한 내용

2 내용 이해

이 글을 읽고, 각각의 날짜에 일어난 일을 찾아 선으로 이으세요.

(1) 4월 5일 • • ① 강낭콩의 이름을 '콩이'라고 지었다.

(2) 4월 12일 • • ② 강낭콩의 꽃봉오리에서 하얀 꽃이 피었다.

(3) 5월 7일 • • ③ 강낭콩 씨앗을 심은 화분에서 새싹이 났다.

3 내용 이해

이 글을 읽고 알 수 있는 내용으로 알맞은 것은 무엇인가요? (　　　)

① 식목일은 4월 12일이다.
② 열매가 떨어지고 나서 꽃이 핀다.
③ 강낭콩의 꽃은 나비 날개 모양이다.
④ 강낭콩은 물을 주지 않아도 잘 자란다.
⑤ 강낭콩의 꽃봉오리를 '꼬투리'라고 부른다.

어떻게 알았나요?

엄마는 강낭콩의 꽃이 지면 '☐☐☐'라고 부르는 기다란 열매가 맺힐 거라고 하셨어요.

전략 적용

4 창의

이 글을 읽고, 강낭콩을 심으려는 친구에게 해 줄 말로 알맞은 것에 ○표 하세요.

(1) 강낭콩 씨앗을 심은 지 일주일쯤 지나면 새싹이 날 거야. (　　　)

(2) 강낭콩 씨앗은 화분의 밑바닥에 닿을 만큼 깊이 심어야 해. (　　　)

(3) 강낭콩 씨앗을 심은 화분은 햇빛이 들지 않는 그늘에 두는 게 좋아. (　　　)

어휘 익히기

1 다음 낱말의 뜻으로 알맞은 것을 찾아 선으로 이으세요.

(1) 관찰 •　　　• ① 뜻밖에 일어난 좋지 않은 일.

(2) 사고 •　　　• ② 사물이나 현상을 주의 깊게 자세히 살펴봄.

(3) 대처하지 •　　　• ③ 어떤 어려운 일이나 상황을 이겨 내기에 알맞게 행동하지.

2 빈칸에 알맞은 낱말을 보기 에서 찾아 쓰세요.

보기　맺혔다　반드시　웃어른

(1) 다른 사람과 한 약속은 □□□ 지켜야 한다.

(2) 연희는 □□□께 항상 예의 바르게 행동한다.

(3) 할머니 댁에 있는 나무에 빨갛고 작은 열매들이 □□□.

3 밑줄 친 낱말이 알맞게 쓰이지 않은 것에 V표 하세요.

(1) 동물원에서 본 코끼리는 몸집이 크고 아담했다. □

(2) 비가 갑작스럽게 내리는 바람에 옷이 홀딱 젖었다. □

(3) 부모님께 기쁜 소식을 전하기 위해 집으로 달려갔다. □

4 '종종'과 뜻이 비슷한 낱말을 보기 에서 찾아 쓰세요.

비슷한 말

보기 가끔 가득 자꾸 자주

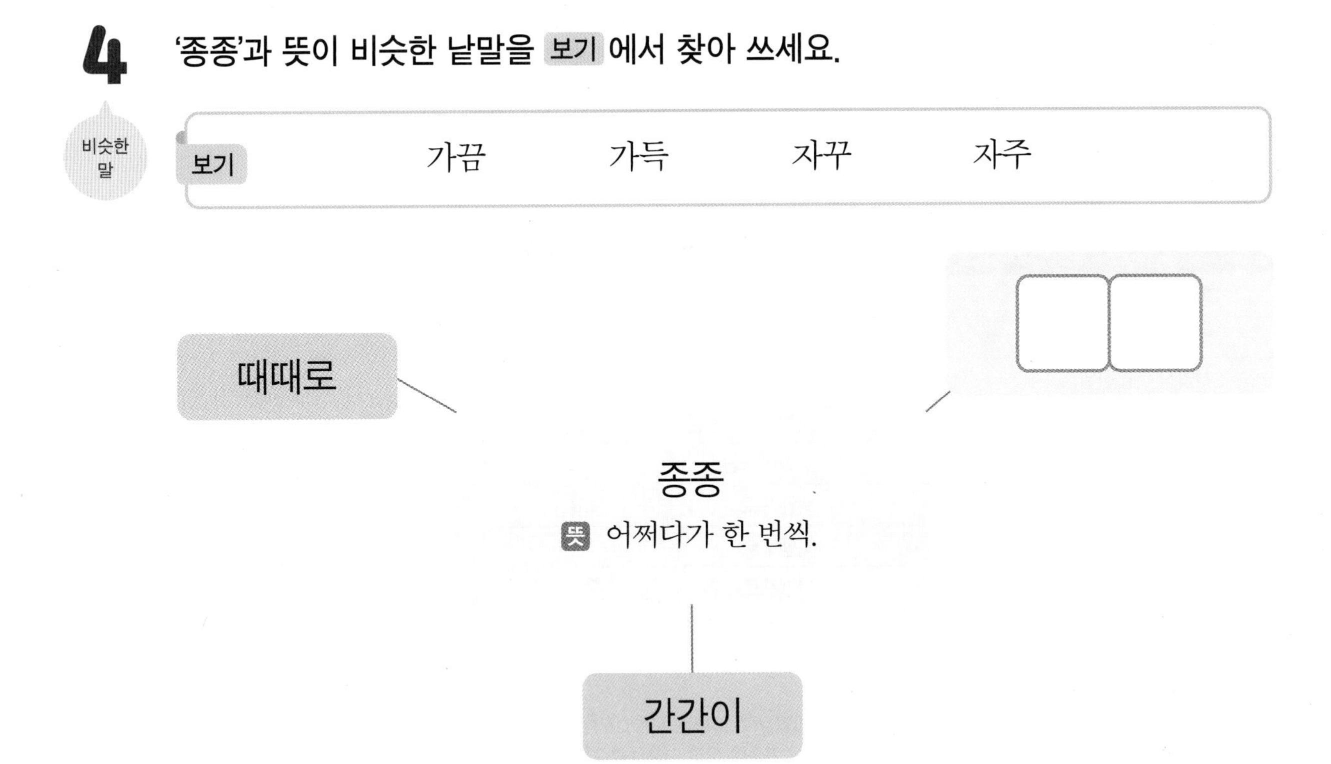

5 다음을 읽고, ( )에서 알맞은 낱말을 골라 ○표 하세요.

헷갈리는 말

바라다	바래다
뜻 생각이나 희망대로 어떤 일이 이루어지기를 기대하다.	뜻 햇볕이나 습기 때문에 색이 희미해지거나 누렇게 변하다.

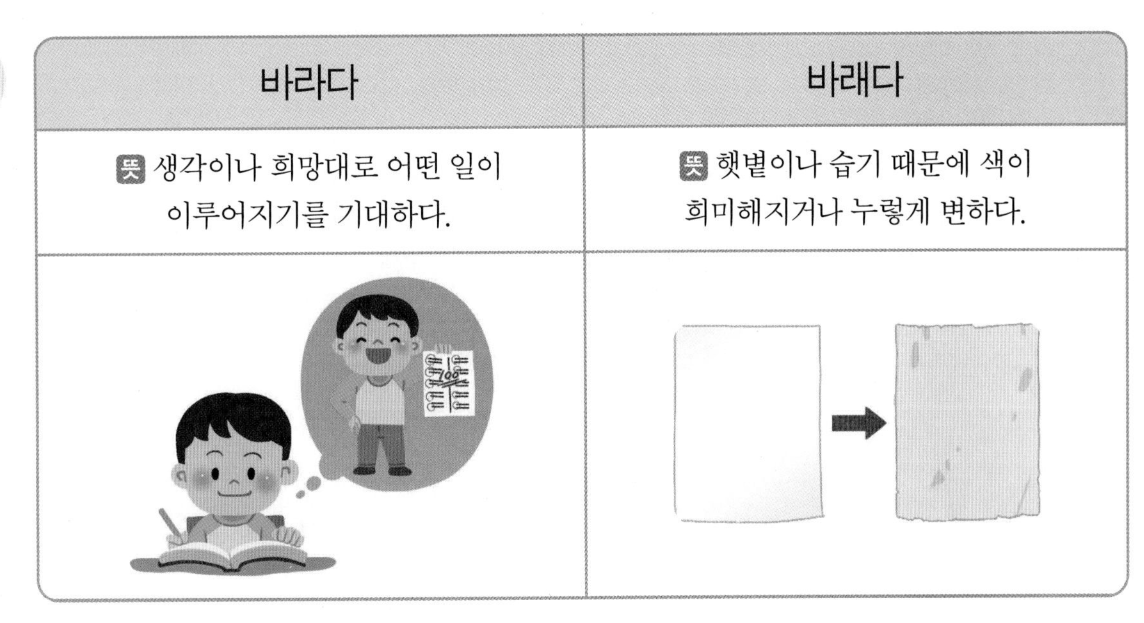

(1) 다음에도 지호와 짝꿍이 되기를 (바랐다 / 바랬다).

(2) 색이 (바라서 / 바래서) 입을 수 없는 옷들을 버렸다.

작품 출처

위치	작품	출처
50쪽	문삼석, 「바람과 빈 병」	『바람과 빈 병』, 아동문예, 2014.
80쪽	정용원, 「산새의 꿈」	『고향 그 옛강』, 시문학사, 1978.
90쪽	김시민, 「치과에서」	『아빠 얼굴이 더 빨갛다』, 리젬, 2010.

사진 출처

위치	사진	출처
70쪽	헛간	한국민족문화대백과사전
72쪽	멍석	국립민속박물관
74쪽	설악산 흔들바위	박정병 · 한국저작권위원회
82쪽	호미	국립민속박물관
92쪽	뼘	국립국어원
124쪽	강낭콩 씨앗	북앤포토
124쪽	강낭콩 새싹	북앤포토
124쪽	강낭콩 줄기	북앤포토

※ 퍼블릭 도메인 및 셔터스톡 사진은 따로 표기하지 않았습니다.

- 이 책에 사용한 문학 작품과 사진은 저작권자의 허락을 받아 게재하였습니다. 다만 저작권자를 찾지 못한 일부 자료는 저작권자를 확인하는 대로 게재 허락을 받고, 출판사 통상 기준에 따라 사용료를 지불하겠습니다.

최상위권

독해의 비결,

추론

최상위권 독해의 비결, **추론**

용선생

추론독해 1

초등 국어 1단계

1 · 2학년 권장

정답과 해설

사회평론주니어

최상위권 독해의 비결, **추론**

용선생

추론독해 1

초등 국어 **1단계**

1·2학년 권장

정답과 **해설**

1 8~17쪽

문장 이해하기

확인 문제 9쪽

(1) 세종 대왕이 / 한글을 만들었어요.
(2) 손톱과 발톱은 / 매일 조금씩 자라요.
(3) 매화가 / 진달래보다 먼저 피기 시작해요.
(4) 멕시코 사람들은 / 서로 껴안으며 인사해요.
(5) 뾰족한 부리를 가진 딱따구리는 / 나무를 쪼아 둥지를 만들어요.

■ 문장에서 '누가', '무엇이'에 해당하는 부분에는 '이, 가, 은, 는'이 붙어 있는 경우가 많습니다. 그러므로 (1)~(5)에서 '누가', '무엇이'에 해당하는 부분은 각각 '세종 대왕이', '손톱과 발톱은', '매화가', '멕시코 사람들은', '뾰족한 부리를 가진 딱따구리는'입니다.

1 해와 바람 10~11쪽

1 (2) ○ 은, 는　　2 외투
3 ⑤　　4 재우

1 ㉠에서 '누가'에 해당하는 부분은 '더위에 지친 나그네는'입니다.

2 해와 바람은 길을 걸어가던 나그네의 외투를 먼저 벗기는 쪽이 이기는 시합을 했습니다.

3 바람이 해에게 누가 더 힘이 센지 겨루어 보자고 말했습니다.

4 바람은 아무리 입김을 불어도 나그네의 외투를 벗기지 못했지만, 해는 따스한 햇볕을 비추어 나그네의 외투를 벗겼습니다. 이렇게 바람과의 시합에서 이긴 해는 자신의 따스한 햇볕이 바람의 입김보다 훨씬 세다고 말했습니다. 이 말을 들은 바람은 시합에서 해에게 진 것이 분해서 씩씩거렸을 것입니다.

오답 피하기
유미: 바람의 입김이 강해질수록 나그네는 외투를 벗지 않고 단단히 붙잡았습니다. 그러므로 바람의 입김이 더 강했더라도 나그네는 외투를 벗지 않았을 것입니다.

2 따뜻한 나눔을 실천한 어린이 12~13쪽

1 사랑초등학교에 다니는 김고운 학생은 / 사랑동 노인 복지관을 찾아가 저금통과 편지 한 장을 내밀었다.
2 (3) ○　　3 ④
4 나희 굶는

1 문장에서 '누가', '무엇이'에 해당하는 부분에는 '이, 가, 은, 는'이 붙어 있는 경우가 많습니다. 그러므로 제시된 문장에서 '누가'에 해당하는 부분은 '사랑초등학교에 다니는 김고운 학생은'입니다.

이 문제를 틀렸다면
사랑동 노인 복지관을 찾아가 저금통과 편지 한 장을 내민 사람이 누구인지 찾아봅니다.

2 이 글은 김고운 학생이 용돈을 모아 노인 복지관에 기부한 소식을 전하는 기사문입니다.

오답 피하기
(1), (2) 사랑동 노인 복지관은 김고운 학생이 자신의 용돈을 기부한 곳이고, 사랑초등학교는 김고운 학생이 다니는 학교입니다. 이 글에는 사랑동에 노인 복지관이 새로 지어진다는 내용이나, 사랑초등학교 학생들이 부모님께 감사 편지를 썼다는 내용이 나와 있지 않습니다.

3 2문단에서 김고운 학생은 평소 이웃을 도우며 살아야 한다는 부모님의 말씀을 들었다고 하였습니다. 김고운 학생이 평소 정직하게 살아야 한다는 부모님의 말씀을 들었는지는 이 글에서 확인할 수 없습니다.

이 문제를 틀렸다면
①은 1, 2문단을, ②와 ③은 2문단을, ⑤는 3문단을 읽으며 확인해 봅니다.

4 김고운 학생이 저금통에 모은 용돈을 노인 복지관에 기부한 일은 어려운 이웃을 돕기 위한 행동입니다. 나희도 옷이 부족한 어려운 친구들을 돕기 위해 아끼는 옷을 기부했으므로, 김고운 학생이 한 일과 비슷한 행동을 했다고 볼 수 있습니다.

오답 피하기
성훈: 용돈을 모아 자신이 갖고 싶던 로봇 장난감을 산 것은 도움이 필요한 다른 사람을 돕기 위한 행동이 아닙니다.

3 옛날 사람들의 비옷과 장화 14~15쪽

1 윤채
2 (2) ○ 젖지
3 ①
4 흔한

1 ㉠에서 '무엇이'에 해당하는 부분은 '은'이 붙어 있는 '벼의 줄기인 볏짚은'이므로, 그 뒤에서 끊어 읽어야 합니다.

이 문제를 틀렸다면

'이, 가, 은, 는'이 붙어 있는 부분에서 끊어 읽은 친구를 찾아봅니다.

2 2문단에서 도롱이를 입으면 떨어진 빗물이 안으로 스며들지 못하고 흘러내리며, 이러한 도롱이 덕분에 옛날 사람들이 비가 오는 날에도 편하게 바깥을 돌아다닐 수 있다고 하였습니다.

오답 피하기

(1) 도롱이의 재료인 볏짚은 물에 잘 젖지 않습니다(2문단).
(3) 도롱이의 색깔에 관한 내용은 이 글에 나와 있지 않습니다.

3 3문단에 따르면, 앞이 뚫려 있는 신발은 나막신이 아니라 짚신입니다.

오답 피하기

② 나막신은 나무를 파서 만든 신발입니다.
③ 나막신의 바닥에는 앞뒤로 높은 굽이 달려 있습니다.
④, ⑤ 짚신은 앞이 뚫려 있고 굽도 없어서 짚신을 신고 빗길을 걸으면 발이 젖었습니다. 반면, 굽이 높은 나막신을 신으면 빗길을 걸어도 신발 안으로 물이 들어오지 않았습니다. 그래서 옛날 사람들은 비가 올 때 짚신 대신에 나막신을 신었습니다.

4 4문단에서 옛날에는 벼를 수확하고 나면 볏짚이 잔뜩 생겼고, 산에 올라가면 어디든 나무가 있었다고 하였습니다. 이렇듯 손쉽게 구할 수 있는 재료로 도롱이와 나막신을 만든 것으로 보아, 옛날 사람들은 주변에 있는 흔한 재료를 이용하여 생활에 필요한 물건을 만들었을 것입니다.

이 문제를 틀렸다면

㉡의 앞뒤 내용을 살펴보며 ㉡에 들어갈 낱말을 짐작해 봅니다.

어휘 익히기 16~17쪽

1 (1) ② (2) ① (3) ③
2 (1) 재료 (2) 소감 (3) 모범
3 (2) V
4 편하다
5 (1) 들여 (2) 드렸다

2 (1)의 빈칸에는 '물건을 만드는 데 쓰이는 것.'이라는 뜻의 '재료'가, (2)의 빈칸에는 '어떤 일에 대하여 느끼고 생각한 것.'이라는 뜻의 '소감'이, (3)의 빈칸에는 '본받아 배울 만한 대상.'이라는 뜻의 '모범'이 들어가는 것이 알맞습니다.

3 '붙잡았어요'는 '놓치지 않도록 단단히 쥐었어요.'라는 뜻입니다. (2)에서는 식탁을 붙잡은 것이 아니라 행주로 문질러 닦았을 것이므로, '붙잡았어요' 대신 '닦았어요'를 써야 자연스럽습니다.

이 문제를 틀렸다면

10쪽의 "하지만 바람의 입김이 강해질수록 나그네는 외투를 꽉 붙잡았어요."라는 문장을 찾아 '붙잡았어요'의 뜻을 살펴봅니다.

4 '쉽다'와 뜻이 비슷한 낱말은 '쉽고 간편하다.'라는 뜻의 '편하다'입니다.

오답 피하기

'가깝다'는 '어느 한 곳에서 멀리 떨어져 있지 않다.'라는 뜻이고, '바르다'는 '말이나 행동 등이 사람들이 지키고 따라야 할 규범에 어긋나지 않는다.'라는 뜻이며, '힘겹다'는 '힘이 모자라거나 부족하여 어떤 일을 당해 내기 어렵다.'라는 뜻입니다.

5 '드리다'와 '들이다'는 뜻이 다르지만 글자가 비슷하여 헷갈리는 말입니다. (1)에서는 화분을 안으로 들어오게 한 것이므로 '들여'가 알맞습니다. (2)에서는 안내문을 부모님께 건넨 것이므로 '드렸다'가 알맞습니다.

2 18~27쪽

문장 부호 알기

확인 문제 19쪽

(1) ? (2) ,

■ 용왕이 물고기 신하들에게 토끼를 데려올 수 있는지 묻고 있으므로 ㉠에는 무엇인가를 묻는 문장 끝에 쓰는 '물음표(?)'가 들어가야 합니다. 그리고 ㉡ 앞의 '용왕님'은 자라가 용왕을 부르는 말이므로 ㉡에는 부르는 말 뒤에 쓰는 '쉼표(,)'가 들어가야 합니다.

1 뭐든지 반대로 하는 청개구리 20~21쪽

1 마침표(.) 2 아들, 말
3 ㉣ → ㉯ → ㉮ → ㉰ 4 (1)○ 💡반대

1 ㉠은 엄마 청개구리가 아들 청개구리에게 노래하는 방법을 알려 주었다고 설명하는 문장에 쓰였습니다. 따라서 ㉠에는 무엇인가를 설명하는 문장 끝에 쓰는 '마침표(.)'가 들어가야 합니다.

2 아들 청개구리는 엄마 청개구리의 말이라면 무엇이든지 반대로 행동했고, 엄마 청개구리는 아들 청개구리가 말을 듣지 않아서 속상했습니다.

3 엄마 청개구리가 함께 책을 읽자고 말해도 아들 청개구리는 가만히 누워서 낮잠이나 자겠다고 했습니다(㉣). 아들 청개구리 때문에 매일 근심하던 엄마 청개구리는 결국 병에 걸려 세상을 떠났습니다(㉯). 아들 청개구리는 냇가에 엄마 청개구리의 무덤을 만들었습니다(㉮). 하지만 비가 올 때면 엄마의 무덤이 떠내려갈까 봐 냇가에서 슬프게 울었습니다(㉰).

이 문제를 틀렸다면

그림에서 아들 청개구리가 하는 행동을 살펴봅니다.

4 ㉡은 엄마 청개구리가 앞으로 엄마 말을 잘 듣겠다는 아들 청개구리의 말을 믿지 못하고 반대로 말한 것입니다. 따라서 ㉡에는 냇가에 묻어 달라고 해야 아들 청개구리가 자신을 산에 묻어 줄 거라는 엄마 청개구리의 생각이 담겨 있다고 볼 수 있습니다.

2 개미와 베짱이 22~23쪽

1 쉼표(,) 2 ④
3 (3)○ 💡베짱이 4 강호

1 ㉠과 ㉡은 여러 개의 낱말을 나열할 때 쓰였고, ㉢은 부르는 말 뒤에 쓰였습니다. 따라서 ㉠, ㉡, ㉢에 공통으로 들어갈 문장 부호는 '쉼표(,)'입니다.

이 문제를 틀렸다면

마침표, 물음표, 느낌표는 문장 끝에 쓰지만, 쉼표는 문장 중간이나 낱말과 낱말 사이에 씁니다. ㉠, ㉡, ㉢의 위치를 통해 알맞은 문장 부호를 짐작해 봅니다.

2 베짱이는 추운 겨울이 오고 나서야 먹을 것을 찾아 다녔습니다.

이 문제를 틀렸다면

이 글에서 '무더운 여름날', '시원한 가을', '추운 겨울'에 각각 어떤 일이 일어났는지 찾아봅니다.

3 베짱이가 개미에게 이 많은 음식을 어떻게 구했냐고 묻자, 개미는 베짱이가 놀던 여름부터 식량을 모으며 부지런히 겨울을 준비했다고 말했습니다. 그 말을 들은 베짱이는 개미와 달리 식량을 미리 준비하지 않고 놀기만 한 것이 부끄러워서 얼굴이 새빨개졌을 것입니다.

오답 피하기

(1) 무더운 여름날, 개미는 베짱이에게 겨울에 먹을 식량을 준비한다고 말했습니다. 따라서 베짱이는 개미가 몰래 식량을 준비했다고 생각하지 않았을 것입니다.

(2) 베짱이는 여름부터 차곡차곡 식량을 모았다는 개미의 말을 통해 개미가 어떻게 음식을 구했는지 알게 되었습니다. 따라서 베짱이는 개미가 음식이 있는 곳을 숨긴다고 생각하지 않았을 것입니다.

4 계속 놀기만 하면서 일을 미루다가 겨울에 먹을 것이 없어 고생하는 베짱이의 모습을 보고, 일을 미루는 행동이 좋지 않은 결과로 이어짐을 깨달아 숙제를 미루는 버릇을 고쳐야겠다고 생각할 수 있습니다.

오답 피하기

슬기: 개미는 여름부터 식량을 미리 준비한 덕분에 겨울에도 먹을 음식이 많았습니다. 그러므로 이러한 개미의 모습을 보고 더울 때 수영장에 가서 실컷 놀겠다고 말하는 것은 알맞지 않습니다.

3 두근두근 발표하는 날 24~25쪽

1 (1) ② (2) ① 💡물음표 2 (3) ○
3 불, 소방관 4 ㉰ → ㉯ → ㉮ → ㉱

1 ㉠은 선생님이 '나'에게 발표를 앞두고 많이 떨리냐고 묻는 문장에 쓰였습니다. 따라서 ㉠에는 무엇인가를 묻는 문장 끝에 쓰는 '물음표(?)'가 들어가야 합니다(②). ㉡은 발표를 잘 마친 '내'가 다음에도 자신있게 발표해야겠다고 다짐하는 문장에 쓰였습니다. 따라서 ㉡에는 느낌을 나타내는 문장 끝에 쓰는 '느낌표(!)'가 들어가야 합니다(①).

이 문제를 틀렸다면

㉠, ㉡에 각각 '물음표(?)'와 '느낌표(!)'를 넣어 보고, 문장을 읽으며 더 어울리는 문장 부호를 찾아봅니다.

2 '나'는 발표를 시작하기 전에 어제 수업 시간에 배운 대로 듣는 사람을 바라보면서 자기의 생각을 또박또박 말해야겠다고 생각했습니다.

오답 피하기

(1), (2) 발표하는 내용에 귀를 기울여야 한다는 것이나 발표한 사람에게 크게 손뼉을 쳐 주어야 한다는 것은 '내'가 떠올린 내용이 아닙니다.

3 '나'는 불이 난 곳에 가장 먼저 달려가서 불을 끄고, 다친 사람들을 구조해 병원으로 데려다주는 용감한 소방관이 되고 싶다고 말했습니다.

이 문제를 틀렸다면

'내'가 발표한 내용을 살펴봅니다.

4 '나'는 제일 처음 순서로 발표를 하게 되어 걱정했습니다(㉰). 용기를 내어 고개를 든 '나'는 소영이와 지수가 눈빛으로 '나'를 응원하고 있는 것을 보았습니다(㉯). '나'는 친구들의 응원에 힘을 얻어 발표를 시작했습니다(㉮). '나'는 친구들과 눈을 맞추며 소방관이 되고 싶은 이유를 발표했고, 선생님께서는 아주 잘했다며 '나'를 칭찬해 주셨습니다(㉱).

어휘 익히기 26~27쪽

1 (1) ② (2) ① (3) ③
2 (1) 구조해 (2) 응원해 (3) 마치고
3 (1) V 4 (1) 조금 (2) 게을리
5 (2) V

2 (1)의 빈칸에는 '재난으로 위험에 처한 사람을 구해.'라는 뜻의 '구조해'가, (2)의 빈칸에는 '잘하도록 옆에서 격려하거나 도와주어.'라는 뜻의 '응원해'가, (3)의 빈칸에는 '하던 일이나 과정을 끝내고.'라는 뜻의 '마치고'가 들어가는 것이 알맞습니다.

3 '또박또박'은 '말이나 글씨 등이 분명하고 또렷한 모양.'이라는 뜻입니다. (1)에서 감은 말이나 글씨가 아니라 나무에 달린 열매이므로, '또박또박' 대신 '주렁주렁'을 써야 자연스럽습니다.

이 문제를 틀렸다면

24쪽의 "나는 어제 배운 대로 듣는 사람을 바라보면서 내 생각을 또박또박 말해야겠다고 생각했다."라는 문장을 찾아 '또박또박'의 뜻을 살펴봅니다.

4 '많이'와 뜻이 반대되는 낱말은 '분량이나 정도가 적게.'라는 뜻의 '조금'입니다. 그리고 '부지런히'와 뜻이 반대되는 낱말은 '움직이거나 일하기를 몹시 싫어하는 모양.'이라는 뜻의 '게을리'입니다.

오답 피하기

'잔뜩'은 '한계에 이를 때까지 가득.'이라는 뜻이고, '열심히'는 '어떤 일에 온 정성을 다하여.'라는 뜻입니다.

5 '소 잃고 외양간 고친다.'는 '일이 이미 잘못된 뒤에는 후회해도 소용이 없다.'라는 뜻의 속담입니다. (2)는 비에 쫄딱 젖고 나서 뒤늦게 새 우산을 산 상황이므로, '소 잃고 외양간 고친다.'와 어울립니다.

오답 피하기

(1) 미리 우산을 챙겨서 비를 맞지 않은 것은 일이 잘못되기 전에 잘 준비한 상황이므로, '소 잃고 외양간 고친다.'와 어울리지 않습니다.

3 28~37쪽

중심 낱말 찾기

확인 문제 29쪽

④

■ 이 글은 해치에 대해 설명하고 있고, '해치'라는 낱말이 이 글에 자주 나오므로, 이 글의 중심 낱말은 '해치'입니다.

1 재미있는 소금 이야기 30~31쪽

1 소금 중요한　　2 ⑤
3 음식, 혈관　　4 윤지

1 이 글은 소금에 대해 설명하고 있습니다. 또한 글에 '소금'이라는 낱말이 자주 나오고 글의 제목도 '재미있는 소금 이야기'인 것으로 보아, 이 글의 중심 낱말은 '소금'입니다.

2 3문단에서 옛날에는 소금을 구하기 위해 먼 거리를 여행하기도 하고, 여러 나라가 서로 소금을 가지려고 싸우기도 했을 만큼 소금이 귀했다고 하였습니다.

3 4문단에 따르면, 소금은 먹은 음식을 잘 소화하도록 도와주고, 몸속의 혈관을 깨끗하게 해 주기 때문에 '바다가 준 선물'이라고 불립니다.

4 5문단에서 소금을 너무 많이 먹으면 오히려 몸에 좋지 않다고 하였습니다. 따라서 음식에 소금을 듬뿍 넣어 먹는 것은 소금을 사용하는 방법으로 적절하지 않습니다.

오답 피하기

태우: 음식이 싱거울 때 소금을 약간 넣으면 음식이 맛있어지므로(1문단), 싱거운 미역국에 소금을 조금 넣는 것은 소금을 사용하는 방법으로 적절합니다.

도훈: 소금을 너무 많이 먹으면 오히려 몸에 좋지 않으므로(5문단), 고기를 먹을 때 소금을 적당히 뿌리는 것은 소금을 사용하는 방법으로 적절합니다.

2 등불을 든 천사, 나이팅게일 32~33쪽

1 나이팅게일　　2 (1) ③ (2) ① (3) ②
3 (2) ○　　4 경수 무시

1 이 글은 나이팅게일의 삶을 소개하는 전기문입니다. 또한 글에 '나이팅게일'이라는 낱말이 자주 나오고 글의 제목도 '등불을 든 천사, 나이팅게일'인 것으로 보아, 이 글의 중심 낱말은 '나이팅게일'입니다.

2 나이팅게일은 열일곱 살이 되었을 때, 아픈 사람들을 치료하는 간호사가 되겠다고 결심했습니다(③). 서른세 살이 되던 해에 나이팅게일은 간호사가 부족해서 병사들이 치료를 받지 못하고 죽어 간다는 소식을 듣고 전쟁터의 병원으로 갔습니다(①). 마흔 살에 나이팅게일은 훌륭한 간호사를 길러 내기 위해 책을 쓰고 학교도 세웠습니다(②).

이 문제를 틀렸다면

이 글에서는 나이팅게일의 삶을 시간 순서대로 제시하고 있습니다. 글을 읽으며 나이팅게일이 한 일의 순서를 살펴봅니다.

3 4문단에 따르면, 나이팅게일에게 '등불을 든 천사'라는 별명이 생긴 까닭은 나이팅게일이 한밤중에도 등불을 들고 다니며 환자들을 보살폈기 때문입니다.

오답 피하기

(1), (3) 이 글에서 확인할 수 없는 내용입니다.

4 나이팅게일은 전쟁터에서 환자들을 치료하고, 책을 쓰고, 학교를 세우는 등 훌륭한 일을 많이 해서 오늘날까지 간호사의 본보기로 불리고 있습니다.

오답 피하기

지희: 나이팅게일이 간호사가 되겠다고 결심했던 때 사람들은 간호사라는 직업을 무시했으므로(2문단), 나이팅게일이 사람들에게 존경받는 직업을 가지려고 노력했다고 보기 어렵습니다.

영현: 나이팅게일은 가난한 집이 아니라 큰 부잣집에서 태어났습니다(1문단).

3 혼자서는 자라지 못하는 식물 34~35쪽

1 ⑤
2 ① 곧게
3 휘감아서, 쓰러지지
4 (1)○

1 이 글은 덩굴 식물의 뜻과 특징(1문단), 덩굴 식물의 종류(2, 3문단), 덩굴 식물이 다른 물건을 감고 올라가 자라는 이유(4문단)를 설명하고 있습니다. 또 '덩굴 식물'이라는 낱말이 글에 자주 나오는 것으로 보아, 이 글의 중심 낱말은 '덩굴 식물'입니다.

오답 피하기
①, ②, ③, ④ 모두 글에 나오는 낱말이지만, 이 글에서 주로 설명하는 대상이 아니므로 가장 중요한 낱말이라고 볼 수 없습니다.

2 1문단에서 덩굴 식물은 줄기가 가늘고 약해서 혼자 힘으로 곧게 서지 못하는 식물이라고 설명하였습니다.

이 문제를 틀렸다면
②는 1문단을, ③과 ④는 2문단을, ⑤는 3문단을 읽으며 확인해 봅니다.

3 3문단의 설명을 통해, 포도나무의 덩굴손은 지지대를 휘감아서 포도가 주렁주렁 열려도 포도나무가 쓰러지지 않게 하는 역할을 한다는 것을 알 수 있습니다.

4 그림 속 나팔꽃은 곧게 자라지 못하고 옆으로 자라 있습니다. 이 글에 따르면, 잎이 많아져서 무거워진 나팔꽃 근처에 지지대를 세워 주면 나팔꽃 줄기가 지지대를 감으면서 올라갑니다. 따라서 나팔꽃이 잘 자라게 하려면 나팔꽃이 감고 올라갈 수 있는 기다란 막대기를 화분에 꽂아야 합니다.

오답 피하기
(2), (3) 만약 나팔꽃을 햇빛이 들지 않는 곳으로 옮기거나, 주위에 키 큰 식물이 자라는 화분을 두면 나팔꽃이 햇빛을 받기 어려워 잘 자라지 못할 것입니다.

어휘 익히기 36~37쪽

1 (1)① (2)② (3)③
2 (1) 줄기 (2) 병사 (3) 혈관
3 (1) V
4 독특하다
5 (2) V

2 (1)의 빈칸에는 '식물을 받치고 뿌리에서 빨아들인 물이나 양분을 나르며, 잎이나 가지, 열매 등이 붙는 부분.'이라는 뜻의 '줄기'가, (2)의 빈칸에는 '군인이나 군대.'라는 뜻의 '병사'가, (3)의 빈칸에는 '피가 흐르는 관.'이라는 뜻의 '혈관'이 들어가는 것이 알맞습니다.

3 '충분한'은 '모자라지 않고 넉넉한.'이라는 뜻입니다. (1)에서 '아직'은 어떤 상태가 되기까지 시간이 더 지나야 함을 나타내는 말이므로, 뒤에 실력이 모자라다는 내용이 오는 것이 어울립니다. 따라서 '충분한' 대신 '모자란', '부족한' 등을 써야 자연스럽습니다.

이 문제를 틀렸다면
30쪽의 "우리가 먹는 식사에는 이미 충분한 양의 소금이 들어 있기 때문에 따로 소금을 챙겨 먹지 않아도 된답니다."라는 문장을 찾아 '충분한'의 뜻을 살펴봅니다.

4 '특이하다'와 뜻이 비슷한 낱말은 '다른 것과 비교하여 특별하게 다르다.'라는 뜻의 '독특하다'입니다.

오답 피하기
'대단하다'는 '아주 뛰어나다.'라는 뜻이고, '무난하다'는 '두드러지는 단점이나 흠이 없다.'라는 뜻이며, '평범하다'는 '뛰어나거나 특별한 점이 없이 보통이다.'라는 뜻입니다.

5 '주먹을 불끈 쥐다.'는 '어떤 일을 꼭 이루고 싶어서 마음을 굳게 먹다.'라는 뜻의 관용어입니다. (2)는 줄넘기 대회에서 1등을 하고 싶어서 마음을 굳게 먹는 상황이므로, '주먹을 불끈 쥐다.'와 어울립니다.

오답 피하기
(1) 줄넘기 대회에서 1등을 한 친구를 축하해 주는 것은 어떤 일을 이루고 싶어서 마음을 굳게 먹는 상황이 아니므로, '주먹을 불끈 쥐다.'와 어울리지 않습니다.

4 38~47쪽

글의 내용 확인하기

확인 문제 39쪽

(3) ×

■ 해달은 추위를 견디기 위해서가 아니라, 잠을 자는 동안 물결에 떠내려가지 않기 위해 커다란 해초를 자기 몸에 감습니다.

1 꿀벌은 어떻게 생활할까? 40~41쪽

1 꿀벌	2 (3)○
3 ③	4 (3)× 여왕벌

1 이 글은 무리를 지어 생활하는 곤충인 꿀벌의 종류와 역할에 대해 설명하는 글입니다.

이 문제를 틀렸다면

글의 제목에는 글에서 설명하는 것이 나타나 있기도 합니다. 글의 제목을 읽으며 빈칸에 알맞은 낱말을 생각해 봅니다.

2 1문단에서 일벌, 여왕벌, 수벌은 각자 맡은 일이 다르다고 하였습니다.

오답 피하기

(1) 여왕벌은 다른 여왕벌과 싸울 때만 사용하는 독침이 있지만, 수벌은 독침이 없어 적을 공격하지 못합니다(3문단).

(2) 꿀벌 중에서 몸집이 가장 작은 것은 일벌입니다. 수벌의 몸집은 일벌과 여왕벌의 중간 크기입니다(1문단).

3 3문단에 따르면, 수벌과 짝짓기를 해서 알을 낳는 꿀벌은 일벌이 아니라 여왕벌입니다.

4 하나의 벌집에는 여왕벌이 딱 한 마리만 산다는 4문단의 내용으로 보아, 벌집의 크기가 크더라도 여왕벌은 한 마리만 살고 있을 것입니다.

오답 피하기

(1) 일벌은 노란 밀랍을 만들어서 벌집을 짓습니다(2문단). 따라서 사진 속 벌집이 노란색인 까닭은 벌집의 재료인 밀랍이 노란색이기 때문일 것입니다.

(2) 일벌은 벌집에서 알과 애벌레를 돌보는 일을 합니다(2문단). 따라서 벌집 안에는 알과 애벌레가 자라는 곳이 있을 것입니다.

2 선생님의 다정한 편지 42~43쪽

1 승민	2 (3)○ 물어뜯는
3 ⑤	4 (1) 아팠던 (2) 고쳐야 한다고

1 문장을 읽을 때는 '누가', '무엇이'에 해당하는 부분에서 끊어 읽습니다. ㉠에서 '무엇이'에 해당하는 부분은 '손톱을 물어뜯는 것은'이므로, 그 뒤에서 끊어 읽어야 합니다.

이 문제를 틀렸다면

'누가', '무엇이'에는 '이, 가, 은, 는'이 붙어 있는 경우가 많습니다. 문장에서 '이, 가, 은, 는'이 붙어 있는 부분을 찾아봅니다.

2 선생님은 손톱을 물어뜯는 유진이에게 손톱을 물어뜯는 것이 좋지 않은 버릇인 까닭을 설명해 주겠다고 하였습니다.

오답 피하기

(1), (2) 이 글에는 손톱이 자라는 과정이나 손톱을 기르는 버릇이 나쁜 까닭에 대한 내용이 나와 있지 않습니다.

3 이 글에서 선생님은 손톱 밑의 틈이 아주 좁아서 손을 씻어도 세균이 남아 있을 때가 많다고 하였습니다.

오답 피하기

① 눈에 보이지는 않지만, 손에는 세균이 많이 살고 있다고 하였습니다.

② 단단한 손톱은 손끝을 지켜 주는 역할을 한다고 하였습니다.

③ 세균이 입속에 들어가면 배탈이 나거나 병에 걸릴 수 있다고 하였습니다.

④ 손톱을 물어뜯어서 짧아지면 손끝에 상처가 자주 생길 수 있다고 하였습니다.

4 '내'가 손톱을 물어뜯다 상처가 난 것은 (1)아팠던 경험일 것입니다. 그리고 "이 편지의 내용처럼"이라는 말을 고려하면, '나'는 손톱을 물어뜯는 버릇을 (2)고쳐야 한다고 생각할 것입니다.

이 문제를 틀렸다면

편지에서 선생님이 유진이에게 손톱을 물어뜯는 버릇을 어떻게 하자고 말하고 있는지 찾아봅니다.

3 백일잔치에 먹는 떡 44~45쪽

1 ③
2 (1) ② (2) ① (3) ③
3 지금
4 정우 💡쌀

1 3문단에서 백일 떡을 받은 사람은 빈 떡 그릇에 돈이나 실, 소금을 담아 돌려준다고 하였습니다. 빈 떡 그릇을 깨끗이 씻어서 돌려준다는 내용은 이 글에 나와 있지 않습니다.

오답 피하기 !

① 아기가 태어난 날로부터 백 번째 되는 날을 축하하는 백일잔치는 오늘날까지 이어지고 있습니다(1문단).
② 잔칫날이 되면 백설기, 송편, 수수떡 등 여러 가지 백일 떡을 만들어 풍성하게 상을 차립니다(2문단).
④ 옛날에는 의술이 발달하지 않아서 아기가 태어나 백일을 넘기지 못하는 경우가 많았습니다(1문단).
⑤ 백일 떡은 많은 사람과 나누어 먹는데, 이는 백 명의 사람에게 백일 떡을 나누어 주어야 아기가 오래 산다는 이야기가 있기 때문입니다(3문단).

2 2문단에 따르면 백설기에는 아기가 순수하게 자라기를 바라는 마음이 담겨 있고(①), 송편에는 아기가 의젓한 사람이 되기를 바라는 마음이 담겨 있습니다(②). 또한 수수떡은 아기에게 좋은 일만 생기기를 바라는 의미가 있습니다(③).

3 '예전'은 '꽤 시간이 흐른 지난날.'을, '지금'은 '과거나 미래가 아닌 현재.'를, '훗날'은 '시간이 지나고 앞으로 올 날.'을 뜻합니다. 따라서 '지금의 시대.'를 뜻하는 '오늘날'과 바꾸어 쓸 수 있는 낱말은 '지금'입니다.

이 문제를 틀렸다면

㉠에 '오늘날' 대신 '예전', '지금', '훗날'을 넣어 보고, 자연스러운 낱말이 무엇인지 찾아봅니다.

4 3문단에서 백일 떡은 많은 사람과 나누어 먹는다고 하였습니다. 따라서 많은 사람이 먹을 수 있도록 백일 떡을 넉넉히 만들었을 것이라고 짐작할 수 있습니다.

오답 피하기 !

수아: 이 글에서 설명하는 세 가지 백일 떡인 백설기, 송편, 수수떡 가운데 팥가루를 묻혀 만드는 떡은 수수떡뿐입니다(2문단).
은하: 실과 소금은 백일 떡을 받은 사람이 빈 떡 그릇을 돌려줄 때 함께 담았던 물건입니다(3문단).

어휘 익히기 46~47쪽

1 (1) ① (2) ② (3) ③
2 (1) 기운 (2) 세균 (3) 버릇
3 (1) V
4 (1) 단단하다 (2) 모자라다
5 (1) 낫는다 (2) 낳았다

2 (1)의 빈칸에는 '어떤 일이 일어나려고 하는 분위기.'라는 뜻의 '기운'이, (2)의 빈칸에는 '사람들을 병에 걸리게 하거나 음식을 썩게 하는 아주 작은 생물.'이라는 뜻의 '세균'이, (3)의 빈칸에는 '오랫동안 자꾸 반복하여 몸에 익숙해진 행동.'이라는 뜻의 '버릇'이 들어가는 것이 알맞습니다.

3 '차려요'는 '준비한 음식 등을 먹을 수 있게 상 위에 놓아요.'라는 뜻입니다. (1)에서는 음식을 상 위에 놓는 것이 아니라 물건을 제자리에 두는 것이므로, '차려요' 대신 '두어요'를 써야 자연스럽습니다.

이 문제를 틀렸다면

44쪽의 "잔칫날이 되면 백설기, 송편, 수수떡 등 여러 가지 백일 떡을 만들어 풍성하게 상을 차려요."라는 문장을 찾아 '차려요'의 뜻을 살펴봅니다.

4 '여리다'와 뜻이 반대되는 낱말은 '약하거나 무르지 않고 튼튼하다.'라는 뜻의 '단단하다'입니다. 그리고 '풍성하다'와 뜻이 반대되는 낱말은 '정해진 양이나 정도에 이르지 못하다.'라는 뜻의 '모자라다'입니다.

오답 피하기 !

'가득하다'는 '양이나 수가 정해진 범위에 꽉 차 있다.'라는 뜻이고, '연약하다'는 '무르고 약하다.'라는 뜻입니다.

5 '낫다'와 '낳다'는 뜻이 다르지만 글자가 비슷하여 헷갈리는 말입니다. (1)에서는 다친 상처가 없어져 본래대로 되는 것이므로 '낫는다'가 알맞습니다. (2)에서는 개가 뱃속의 강아지를 몸 밖으로 내보낸 것이므로 '낳았다'가 알맞습니다.

5 48~57쪽

누가 무엇을 했는지 알기

확인 문제 49쪽

(1) ② (2) ①

■ 시어머니는 자신의 방귀가 세서 방귀를 참았다는 색시의 말을 듣고 껄껄 웃으며 마음껏 방귀를 뀌라고 말했습니다(①). 그러자 색시는 시어머니에게 문고리를 붙잡고 있으라고 말한 다음, 이불을 머리끝까지 뒤집어쓰고 방귀를 뀌었습니다(②).

1 바람과 빈 병 50~51쪽

1 버려진, 병　　2 ②
3 (1) ○　　4 ③ 기분

1 1연에서 바람은 숲속에 버려진 빈 병을 보았다고 하였습니다.

2 바람은 빈 병과 함께 놀아 주려고 빈 병 속으로 들어갔습니다.

이 문제를 틀렸다면
3연에서 바람이 한 행동을 살펴봅니다.

3 숲속에 버려진 빈 병을 본 바람은 ㉠과 같이 "쓸쓸할 거야."라고 말한 다음, 함께 놀아 주려고 빈 병 속으로 들어갔습니다. 따라서 ㉠을 말할 때 바람은 쓸쓸해 보이는 빈 병과 놀아 주고 싶다고 생각했을 것입니다.

오답 피하기
(2) ㉠은 바람 자신이 쓸쓸하다는 것이 아니라, 빈 병이 쓸쓸할 것 같다는 말입니다. 또한 바람이 빈 병 속으로 들어간 것을 보면, 다른 곳으로 가야겠다고 생각하지는 않았을 것입니다.
(3) 이 시에 바람이 빈 병을 위해 노래를 불러 주었다는 내용은 나와 있지 않습니다.

4 ㉡은 기분이 좋아진 빈 병이 휘파람을 부는 소리입니다. 따라서 ㉡에는 바람을 반가워하는 빈 병의 마음이 나타나 있습니다.

2 커다란 순무 52~53쪽

1 (2) × 할머니　　2 (1) ③ (2) ② (3) ①
3 ③　　4 주연

1 할아버지와 할머니가 힘을 합쳐 잡아당겨도 순무가 꿈쩍하지 않자, 할머니가 손녀를 불렀습니다.

오답 피하기
(1) 할아버지가 매일 물을 주며 정성껏 키운 덕분에 순무는 아주 커다랗게 자랐습니다.
(3) 순무가 쑥 하고 뽑히자, 사람만큼 커다란 순무를 보고 모두 눈이 휘둥그레졌습니다.

2 어느 화창한 봄날, 할아버지는 밭에 순무씨 한 알을 심었습니다(①). 손녀는 "제가 다른 친구들도 데려올게요!"라고 말한 다음 집에 들어가 개와 고양이, 생쥐를 데리고 나왔습니다(③). 할머니는 할아버지, 손녀, 개, 고양이, 생쥐와 함께 뽑은 커다란 순무를 썰어 수프를 만들었습니다(②).

3 ㉠은 할아버지, 할머니, 손녀, 개, 고양이, 생쥐가 온 힘을 다해 순무를 잡아당기다가 마침내 순무가 뽑혔을 때 한 말이므로, 기뻐하는 목소리가 어울립니다.

이 문제를 틀렸다면
할아버지, 할머니, 손녀, 개, 고양이, 생쥐가 어떤 상황에서 ㉠을 말했는지 확인해 봅니다.

4 할아버지 혼자서는 커다란 순무를 뽑을 수 없었지만, 할아버지, 할머니, 손녀, 개, 고양이, 생쥐가 힘을 모으니 순무를 뽑을 수 있었습니다. 이와 비슷하게 다른 이와 힘을 합쳐 어떤 일을 해낸 경험은 동생과 함께 무거운 책상을 옮기고 뿌듯해한 것입니다.

오답 피하기
희재: 이 글에는 인물들이 서로 다투었다는 내용도, 그러한 일을 후회했다는 내용도 없습니다.

3 까마귀와 물병 54~55쪽

1 (2)○
2 돌멩이, 물병
3 지혜
4 ⑤ 💡물

1 까마귀는 물을 마시려고 물이 든 물병 안으로 부리를 집어넣었습니다. 하지만 물병의 입구가 길고 좁아서 부리가 닿지 않았습니다.

2 까마귀는 풀밭에 깔려 있던 작은 돌멩이를 하나씩 물어 와 물병에 넣음으로써 물이 물병 입구까지 올라오게 하였습니다.

이 문제를 틀렸다면

물병에 든 물을 마실 방법을 고민하던 까마귀가 "그래, 좋은 생각이 떠올랐어!"라고 말한 다음에 어떤 행동을 했는지 살펴봅니다.

3 목이 말랐던 까마귀는 한참 동안 물을 찾다가 풀밭에서 물병을 발견했습니다. 이때 까마귀는 드디어 물을 마실 수 있겠다는 생각에 기뻤을 것입니다.

오답 피하기

영진: 까마귀는 물병 안으로 부리를 집어넣었지만, 부리가 물에 닿지 않아 물을 마실 수 없었습니다. 이때 까마귀는 겨우 찾은 물을 마실 수 없어 실망스러웠을 것입니다.

미현: 까마귀는 작은 돌멩이를 물병에 넣었고, 그 결과 물병의 입구까지 올라온 물을 마실 수 있었습니다. 이때 까마귀는 자신의 노력으로 물을 마시게 되어 뿌듯했을 것입니다.

4 이 글에서 까마귀는 힘이 들어도 계속 돌멩이를 옮겨 결국 물을 마셨습니다. 이는 포기하지 않고 문제를 해결하는 모습으로, 본받을 만하다고 말할 수 있습니다.

오답 피하기

① 까마귀가 다른 까마귀에게 물을 양보하는 내용은 이 글에 나와 있지 않습니다.
② 까마귀는 부리가 물병 입구의 길이에 비해 짧아서 물병에 든 물을 쉽게 마실 수 없었습니다.
③ 실컷 물을 마신 까마귀는 "아, 시원해! 이제 살 것 같아!"라고 말했습니다. 이는 투덜댄 것이 아니라 만족스러워한 것입니다.
④ 이 글의 배경은 햇볕이 쨍쨍한 여름날입니다.

어휘 익히기 56~57쪽

1 (1)① (2)② (3)③
2 (1) 손녀 (2) 기분 (3) 말라
3 (1) V
4 (1) 나가다 (2) 작다랗다
5 (2) V

2 (1)의 빈칸에는 '아들의 딸. 또는 딸의 딸.'이라는 뜻의 '손녀'가, (2)의 빈칸에는 '기쁨, 즐거움, 슬픔 등의 감정 상태.'라는 뜻의 '기분'이, (3)의 빈칸에는 '물기가 다 날아가서 없어져.'라는 뜻의 '말라'가 들어가는 것이 알맞습니다.

3 '여전히'는 '전과 같이.'라는 뜻입니다. (1)에서 어제부터 내린 비가 오늘 그친 것은 상황이 전과 달라진 것이므로, '여전히'는 그 쓰임이 어색합니다.

이 문제를 틀렸다면

52쪽의 "하지만 순무는 여전히 그대로였어요."라는 문장을 찾아 '여전히'의 뜻을 살펴봅니다.

4 '들어가다'와 뜻이 반대되는 낱말은 '안에서 밖으로 이동하다.'라는 뜻의 '나가다'입니다. 그리고 '커다랗다'와 뜻이 반대되는 낱말은 '꽤 작다.'라는 뜻의 '작다랗다'입니다.

오답 피하기

'나누다'는 '하나를 둘 이상으로 가르다.'라는 뜻이고, '기다랗다'는 '매우 길다.'라는 뜻입니다.

5 '그림의 떡'은 '마음에 들어도 실제로 쓸 수 없거나 가질 수 없는 것.'이라는 뜻의 관용어입니다. (2)는 지갑을 두고 나와 붕어빵을 보면서도 살 수 없는 상황이므로, '그림의 떡'과 어울립니다.

오답 피하기

(1) 간식을 동생과 나누어 먹는 것은 마음에 들어도 쓰거나 가질 수 없는 상황이 아니므로, '그림의 떡'과 어울리지 않습니다.

6 58~67쪽

인물의 생각 알기

확인 문제 59쪽

(2)○

■ ㉠은 양치기 소년이 세 번째로 늑대가 나타났다고 외쳤을 때 마을 사람들이 한 말로, 양치기 소년의 말을 못 믿겠다는 내용입니다. 이를 통해 마을 사람들이 첫 번째, 두 번째에 이어 이번에도 양치기 소년이 거짓말을 했을 거라고 생각한다는 것을 알 수 있습니다.

1 사자와 모기 60~61쪽

1 ③ 💡앞발
2 (2)○
3 ③
4 민아

1 사자는 모기를 발견하고 앞발을 휘둘렀지만, 모기는 사자에게 잡히지 않고 이리저리 도망쳤습니다.

2 모기는 헛발질하는 사자를 놀리며 "네 커다란 덩치도 별로 쓸모가 없구나?"라고 말했습니다. 이를 통해 모기는 사자에 대해 덩치만 클 뿐 두려워할 것이 없다고 생각한다는 것을 알 수 있습니다.

오답 피하기

(1) 모기는 사자의 팔, 다리, 등을 물어 댔고, 사자가 사납게 으르렁거려도 전혀 무서워하지 않았습니다.

(3) 모기는 사자에게 "네가 동물의 왕이라면 나를 잡아 봐."라고 말하며 사자의 몸을 물었습니다.

3 ㉢은 모기가 자기 자신을 가리키는 말이고, 나머지 ㉠, ㉡, ㉣, ㉤은 사자를 가리키는 말입니다.

4 사자를 이겼다며 신이 나서 날아다니다가 거미줄에 걸리고 만 모기는 '조금만 더 조심했더라면 이렇게 죽지는 않았을 텐데…….'라고 생각하였습니다. 따라서 이때 모기는 우쭐해서 앞을 살피지 않은 것을 후회했을 것이라고 짐작할 수 있습니다.

2 오성과 감나무 62~63쪽

1 ②
2 (1)② (2)①
3 (3)○ 💡감나무 가지
4 권 대감

1 권 대감이 오성에게 감을 모두 돌려준 것이지, 오성이 권 대감에게 감을 돌려준 것이 아닙니다.

오답 피하기

① 옆집 하인들은 담을 넘어온 오성의 감나무 가지에서 감을 땄습니다.

③ 권 대감은 말재주가 훌륭하다며 오성을 크게 칭찬했습니다.

④ 오성은 권 대감의 방문 앞에서 "권 대감님, 옆집에 사는 오성입니다."라고 공손히 인사했습니다.

⑤ 방 안에 있던 권 대감은 오성의 팔이 창호지를 뚫고 들어오자 화들짝 놀랐습니다.

2 감을 딴 옆집 하인들에게 화가 나 따진 것으로 볼 때, 오성은 ㉠이 자기 집 감나무에 붙어 있으니 오성 자신의 것이라고 생각합니다(②). 반면 "여기로 넘어온 감나무 가지는 권 대감님의 것이지요."라는 말에서 알 수 있듯이, 옆집 하인들은 ㉠이 권 대감의 집으로 넘어왔으니 권 대감의 것이라고 생각합니다(①).

3 오성은 창호지를 뚫고 팔을 내밀어 권 대감이 보고 있는 팔이 누구의 것인지 물었습니다. 오성은 방 안에 있는 팔이 오성의 것이듯이, 담을 넘어간 감나무 가지도 오성의 것이라는 말을 들으려고 했던 것입니다. 따라서 오성이 방문 안으로 팔을 들이민 까닭은 담을 넘어간 감나무 가지와 비슷한 상황을 권 대감에게 보여 주기 위해서입니다.

이 문제를 틀렸다면

권 대감과 오성이 나눈 대화를 읽으며 권 대감의 방 안으로 들어간 팔과 권 대감의 집으로 뻗은 감나무 가지의 공통점을 생각해 봅니다.

4 오성이 방문 안으로 팔을 들이미는 버릇없는 행동을 했지만, 권 대감은 오성의 말을 들어 주었습니다. 또 권 대감은 오성이 한 행동의 뜻을 금방 알아채고 오성을 칭찬하였습니다. 이러한 점으로 보아 권 대감은 너그럽고 현명한 인물이라고 할 수 있으므로, 빈칸에 들어갈 인물은 '권 대감'입니다.

3 금덩이를 버린 형제 64~65쪽

1 (2) ×	2 금덩이, 형님
3 ② 💡나쁜	4 유나

1 형님이 아우에게 자신의 금덩이를 건넨 것이 아니라, 아우가 형님에게 주운 금덩이 중 하나를 건넸습니다.

오답 피하기

(1) 아우는 물속에 무엇인가 번쩍거리는 것을 보고 손을 집어넣어 금덩이 두 개를 꺼냈습니다.

(3) 두 개의 금덩이 중 하나를 형님에게 건넨 아우는 얼마 지나지 않아 쥐고 있던 자신의 금덩이를 물속에 던졌습니다.

2 ㉠은 아우가 한 말로, 형님을 미워하게 만드는 금덩이라면 없는 게 낫다는 내용입니다. 이를 통해 아우는 금덩이를 가지는 것보다 형님과 사이좋게 지내는 것이 더 중요하다고 생각한다는 것을 알 수 있습니다.

이 문제를 틀렸다면

㉠의 앞뒤 내용을 살피며 아우가 금덩이를 물속에 던진 까닭을 생각해 봅니다.

3 아우는 금덩이를 얻은 뒤부터 계속 나쁜 생각이 들어 금덩이를 버렸다고 말하고 있습니다. 자신의 나쁜 생각을 형님에게 솔직하게 말하는 상황이므로, 어두운 표정이 어울립니다.

이 문제를 틀렸다면

아우가 ㉮ 뒤에 이어지는 말을 할 때 어떤 마음이 들었을지 생각해 봅니다.

4 아우는 형님이 가진 금덩이를 탐내다가 형님과 사이가 나빠질까 봐 금덩이를 물속에 던졌습니다. 아우의 말을 들은 형님은 자기도 금덩이보다 형제의 우애가 더 소중하다며 금덩이를 물속에 던졌습니다. 따라서 형제는 우애를 지켰다는 생각에 흐뭇해서 서로 마주 보며 웃었을 것입니다.

오답 피하기

민수: 형제는 몸이 무거워서 금덩이를 버린 것이 아닙니다. 따라서 형제가 금덩이를 버리고 나니 몸이 가벼워져서 웃었다고 볼 수 없습니다.

어휘 익히기 66~67쪽

1 (1) ② (2) ① (3) ③
2 (1) 초원 (2) 소문 (3) 우애
3 (3) V 4 슬슬
5 (2) V

2 (1)의 빈칸에는 '풀이 난 들판.'이라는 뜻의 '초원'이, (2)의 빈칸에는 '사람들 입에 오르내려 전하여 들리는 말.'이라는 뜻의 '소문'이, (3)의 빈칸에는 '형제 또는 친구 사이의 정과 사랑.'이라는 뜻의 '우애'가 들어가는 것이 알맞습니다.

3 '맴돌았어요'는 '어떤 것의 주위에서 둥글게 빙빙 돌았어요.'라는 뜻입니다. (3)에서 술래를 피하는 아이들은 맴돌지 않고 멀리 도망갔을 것이므로, '맴돌았어요' 대신 '도망갔어요'를 써야 자연스럽습니다.

이 문제를 틀렸다면

60쪽의 "그때 모기 한 마리가 사자의 귓가를 맴돌았어요."라는 문장을 찾아 '맴돌았어요'의 뜻을 살펴봅니다.

4 '서서히'와 뜻이 비슷한 낱말은 '서두르지 않고 천천히 행동하는 모양.'이라는 뜻의 '슬슬'입니다.

오답 피하기

'찰싹'은 '액체가 단단한 물체에 마구 부딪치는 소리. 또는 그 모양.'이라는 뜻이고, '폴짝'은 '작은 것이 세차고 가볍게 한 번 뛰어오르는 모양.'이라는 뜻이며, '훨훨'은 '새 등이 높이 떠서 느리게 날개를 치며 매우 시원스럽게 나는 모양.'이라는 뜻입니다.

5 '돌다리도 두들겨 보고 건너라.'는 '잘 아는 일이라도 꼼꼼하게 살펴보고 주의해야 한다.'라는 뜻의 속담입니다. (2)는 소풍을 가기 전에 준비물을 잘 챙겼는지 꼼꼼하게 살펴보는 상황이므로, '돌다리도 두들겨 보고 건너라.'와 어울립니다.

오답 피하기

(1) 소풍을 가기로 한 날 하필 비가 오는 것은 잘 아는 일이라도 살펴보고 주의하는 상황이 아니므로, '돌다리도 두들겨 보고 건너라.'와 어울리지 않습니다. 이때는 '어떤 일을 하려고 하는데 마침 그때 생각하지도 않은 일이 생김.'이라는 뜻의 '가는 날이 장날'이라는 속담이 어울립니다.

7 68~77쪽

시간 흐름에 따라 일이 일어난 차례 알기

확인 문제 69쪽

(1) 겨울 (2) 백조

■ 어느 추운 겨울날, 막내 오리는 형제 오리들의 놀림을 견디지 못하고 집을 떠났습니다. 봄이 되어 막내 오리는 백조들에게 가려고 날개를 펼쳤고, 호수에 비친 모습을 보고 자신이 백조라는 사실을 알았습니다.

1 은혜 갚은 꿩 70~71쪽

1 (1) ×	2 남편
3 ㉰ → ㉮ → ㉯	4 ③ 💡눈물

1 선비가 종이 있는 곳으로 가 보니, 종 아래에 꿩이 머리를 다친 채 쓰러져 있었습니다.

오답 피하기

(2) 선비가 멀리서 들리는 울음소리를 따라가니, 커다란 구렁이가 꿩을 잡아먹으려 하고 있었습니다.

(3) 밤이 되자 선비는 빈 절에 들어가 헛간에서 잠들었습니다.

2 구렁이는 죽은 구렁이가 자신의 남편이며, 선비를 잡아먹어 남편의 원수를 갚을 것이라고 말했습니다.

3 낮에 산길을 걷던 선비는 구렁이에게 잡아먹히려는 꿩을 구해 주었습니다(㉰). 밤에 선비가 빈 절에 들어가 잠들었는데, 구렁이가 나타나 잠든 선비의 몸을 칭칭 감았습니다(㉮). 다음 날 새벽, 종소리가 세 번 울려 퍼지자 구렁이가 선비를 풀어 주었습니다(㉯).

이 문제를 틀렸다면

글을 읽으며 시간을 나타내는 말을 찾고, 시간 흐름에 따라 일어난 일을 차례대로 정리해 봅니다.

4 선비는 종 아래에 쓰러져 있는 꿩을 보고, 꿩이 목숨을 바쳐서 자신을 구했다는 것을 알게 되었습니다. 선비는 쓰러진 꿩을 품에 안고 눈물을 흘리며 ㉠을 말했습니다. 이를 통해 선비는 꿩에게 고마워하면서도 꿩이 죽어 슬퍼한다는 것을 알 수 있습니다.

2 팥죽 할머니와 호랑이 72~73쪽

1 팥죽, 잡아먹기로	2 ④ 💡여름, 겨울
3 ⑤	4 창수

1 할머니가 부엌에서 운 까닭은 호랑이가 팥죽을 먹고 나서 할머니를 잡아먹기로 했기 때문입니다. 이는 "팥죽을 먹고 나서 할멈도 잡아먹을 거야."라는 호랑이의 말과, "내가 곧 호랑이 밥이 된단다."라는 할머니의 말을 통해 알 수 있습니다.

오답 피하기

알밤은 할머니에게 호랑이를 쫓아 주겠다고 약속한 인물이며 자라, 쇠똥, 맷돌, 멍석, 지게와 함께 호랑이를 쫓아냈습니다.

2 어느 여름날, 할머니는 호랑이에게 한 번만 살려 주면 겨울에 맛있는 팥죽을 만들어 주겠다고 말했습니다. 어느덧 추운 겨울이 되었을 때, 할머니는 자라, 알밤, 쇠똥, 맷돌, 멍석, 지게의 도움을 받아 호랑이를 쫓아냈습니다. 이렇듯 이 글은 여름에서 겨울로 시간이 바뀌고 있습니다.

3 할머니가 밭에서 팥을 심고 있는데 호랑이가 나타난 일은 '어느 여름날'에 일어난 일이고, 나머지는 '추운 겨울'이 된 뒤에 일어난 일입니다.

이 문제를 틀렸다면

①~⑤를 일어난 차례에 맞게 정리해 봅니다. ①~⑤는 '⑤→④→③→②→①'의 순서로 일어났습니다.

4 자라, 알밤, 쇠똥, 맷돌, 멍석, 지게는 힘을 합쳐서 호랑이를 물리쳤습니다. 작고 약한 것들이 힘센 호랑이를 이긴 것이므로 이를 대단하다고 생각할 수 있습니다.

오답 피하기

유선: 호랑이는 할머니를 잡아먹으려다가 자라, 알밤, 쇠똥, 맷돌, 멍석, 지게에게 혼쭐이 났습니다. 팥죽을 혼자 다 먹으려고 욕심을 부리다가 혼쭐이 난 것이 아닙니다.

혜나: 할머니는 자신을 잡아먹으려는 호랑이에게 한 번만 살려 주면 팥죽을 만들어 주겠다고 말했습니다. 배고픈 호랑이가 안쓰러워서 팥죽을 나누어 준 것이 아닙니다.

3 속초를 다녀와서 74~75쪽

1 가족
2 ⑤ 흔들바위
3 (1) ① (2) ③ (3) ②
4 (1) ㉰, ㉱ (2) ㉮, ㉯

1 이 글은 가족과 함께 떠난 속초 여행에서 한 일과 그에 대한 생각과 느낌을 쓴 기행문입니다. 따라서 이 글에 어울리는 제목은 '가족과 함께 떠난 속초 여행'입니다.

이 문제를 틀렸다면
글쓴이가 누구와 함께 속초 여행을 떠났는지 찾아봅니다.

2 엄마의 말씀을 통해 흔들바위는 혼자서 밀어도, 여러 사람이 밀어도 굴러떨어지지 않고 흔들리기만 해서 흔들바위라는 이름이 붙었음을 알 수 있습니다.

오답 피하기
① 글쓴이는 강원도 속초로 여행을 떠났습니다.
② 아빠는 속초에 가면 동해와 설악산을 볼 수 있다고 하였습니다.
③ 글쓴이는 속초 해수욕장의 명물인 대관람차를 탔습니다.
④ 글쓴이가 한 시간쯤 설악산을 올랐을 때 흔들바위가 나왔습니다.

3 글쓴이는 속초로 여행을 떠날 때 바다와 산을 모두 구경할 생각에 마음이 설레었습니다(①). 대관람차에서 밖을 내다보았을 때는 새처럼 하늘을 나는 기분이 들었습니다(③). 설악산에서 내려와 집으로 돌아왔을 때는 여행이 금방 끝난 것 같아서 아쉬웠지만, 가족과 함께해서 무척 행복했다고 느꼈습니다(②).

4 토요일에 글쓴이는 속초 해수욕장에서 바닷물에 발을 담그고 물을 튀기며 놀았고(㉰), 대관람차를 타고 속초 바다와 속초 시내를 보았습니다(㉱). 일요일에는 설악산에 가서 가족과 흔들바위를 민 다음(㉯), 고속버스를 타고 집으로 돌아왔습니다(㉮).

이 문제를 틀렸다면
'토요일', '일요일'처럼 요일을 가리키는 말도 시간을 나타내는 말입니다. 이처럼 시간을 나타내는 말을 살펴보면서 글쓴이가 한 일을 정리해 봅니다.

어휘 익히기 76~77쪽

1 (1) ③ (2) ② (3) ①
2 (1) 향했다 (2) 뒤이어 (3) 간신히
3 (2) V
4 금방
5 (2) V

2 (1)의 빈칸에는 '어느 한쪽을 목표로 하여 나아갔다.'라는 뜻의 '향했다'가, (2)의 빈칸에는 '곧바로 이어져.'라는 뜻의 '뒤이어'가, (3)의 빈칸에는 '힘들게 겨우.'라는 뜻의 '간신히'가 들어가는 것이 알맞습니다.

3 '명물'은 '어떤 지역에서 유명한 물건.'이라는 뜻입니다. (2)에서 하마는 입이 크다는 현우의 특징을 바탕으로 지어 부르는 이름이므로, '명물' 대신 '별명'을 써야 자연스럽습니다.

이 문제를 틀렸다면
74쪽의 "우리는 속초 해수욕장의 명물인 대관람차도 탔다."라는 문장을 찾아 '명물'의 뜻을 살펴봅니다.

4 '얼른'과 뜻이 비슷한 낱말은 '시간이 얼마 지나지 않아 곧바로.'라는 뜻의 '금방'입니다.

오답 피하기
'꼼짝'은 '몸을 느리게 조금 움직이는 모양.'이라는 뜻이고, '문득'은 '생각이나 느낌이 갑자기 떠오르는 모양.'이라는 뜻이며, '힘껏'은 '있는 힘을 다하여.'라는 뜻입니다.

5 '눈앞이 캄캄하다.'는 '앞으로 어떻게 해야 할지를 몰라 막막하다.'라는 뜻의 관용어입니다. (2)는 친구에게 빌린 게임기를 망가뜨려서 막막해하는 상황이므로, '눈앞이 캄캄하다.'와 어울립니다.

오답 피하기
(1) 친구에게 받은 선물 상자를 열어 보며 기대하는 것은 막막한 상황이 아니므로, '눈앞이 캄캄하다.'와 어울리지 않습니다.

8 78~87쪽

꾸며 주는 말 알기

확인 문제 79쪽

㉤

■ 꾸며 주는 말은 뒤에 오는 말을 꾸며 주어 그 뜻을 자세하게 해 주는 말입니다. '가족들이'는 뒤에 오는 '순돌이'를 꾸며 주는 말이 아니라, 문장에서 '누가'에 해당하는 부분입니다.

1 산새의 꿈 80~81쪽

1 봄비 　 2 (3) ×
3 훨훨, 귀여운 흉내 　 4 정희

1 이 시는 봄비가 보슬보슬 내려오는 날에 아기 새가 하늘을 나는 꿈을 꾸고, 목청을 가다듬는 모습을 노래하고 있습니다.

2 이 시에 아기 새가 어미 새에게 먹이를 달라고 조르는 내용은 나와 있지 않습니다.

오답 피하기

(1) "털 송송 아기 새 파닥거리며"에서 떠올릴 수 있습니다.
(2) "솔가지 오붓한 산새 둥우리 / 귀여운 아기 새 알몸 비비며"에서 떠올릴 수 있습니다.

3 이 시에서 '훨훨'은 뒤에 오는 '나는'을 꾸며 주어, 어떻게 하늘을 나는지를 자세하게 해 주는 말입니다. 그리고 '귀여운'은 뒤에 오는 '아기 새'를 꾸며 주어, 아기 새의 모습이 어떠한지를 자세하게 해 주는 말입니다.

4 이 시에서 아기 새는 하늘을 훨훨 나는 꿈을 꾸고 있습니다. 아직 어린 새에게 하늘을 나는 것은 어려운 일이므로, 아기 새는 얼른 자라 하늘을 날고 싶은 것 같다고 짐작할 수 있습니다.

오답 피하기

창완: 아기 새가 목청을 가다듬는 것은 노래를 뽑기 위한 행동이지, 외로워서 다른 새들을 부르기 위한 행동이 아닙니다.

2 요술 항아리 82~83쪽

1 두(2), 항아리 　 2 ㉯ → ㉰ → ㉱ → ㉮
3 (1) ① (2) ② 　 4 (1) ○ 욕심

1 농부가 땅속에서 발견한 항아리에 호미 하나를 넣었더니 호미가 두 개로 늘어났고, 엽전 하나를 넣었더니 엽전도 두 개가 되었습니다. 이를 본 농부는 "무엇이든 두 배로 만들어 주는 요술 항아리구나!"라고 말하며 기뻐했습니다.

2 농부는 항아리에 엽전을 계속 넣어 부자가 되었습니다(㉯). 이 항아리에 대한 소문을 들은 부자 영감은 농부에게 항아리를 돌려 달라고 말했습니다(㉰). 농부와 부자 영감은 다투다가 원님을 찾아갔고, 이야기를 들은 원님은 항아리가 탐났습니다. 그래서 농부와 부자 영감에게 항아리를 두고 가라고 말했습니다(㉱). 원님이 항아리를 빼앗을 궁리를 하는 사이, 원님의 아버지가 항아리에 빠져 두 명이 되었습니다(㉮).

3 (1)의 빈칸에는 뒤에 오는 '어머니'를 꾸며 주어, 어머니의 모습을 자세하게 해 주는 말인 '부지런한'이 어울립니다(①). (2)의 빈칸에는 뒤에 오는 '뛰어 달아났다'를 꾸며 주어, 뛰는 모양을 자세하게 해 주는 말인 '폴짝폴짝'이 어울립니다(②).

이 문제를 틀렸다면

빈칸 뒤에 어떤 말이 오는지 살펴보고, 그와 어울리는 꾸며 주는 말을 찾아봅니다.

4 원님이 항아리에 빠진 아버지를 꺼내는데, 똑같이 생긴 두 명의 아버지가 나와 서로 자기가 진짜라고 말하며 다투었습니다. 이를 본 원님은 자기가 욕심을 부려서 벌을 받는다고 말했습니다. 따라서 ㉠을 말할 때 원님은 요술 항아리를 탐낸 것을 후회했을 것입니다.

오답 피하기

(2) 원님이 항아리를 빼앗을 궁리를 한 것은 원님의 아버지가 항아리에 빠지기 전입니다. 원님이 ㉠을 말할 때는 원님의 아버지가 항아리에 빠져 두 명이 된 이후이므로 여전히 요술 항아리를 빼앗을 방법을 고민하지는 않았을 것입니다.
(3) 원님은 항아리를 탐낸 것을 후회한 것이지, 아버지에게 요술 항아리를 선물로 주지 않은 것을 후회한 것이 아닙니다.

3 세상에서 하나뿐인 도자기 84~85쪽

1 ①
2 (3) ×
3 ④ 💡뒤
4 (1) ○

1 이 글은 글쓴이가 도자기 마을로 현장 체험학습을 갔다 와서 자신의 생각과 느낌을 쓴 글입니다.

오답 피하기

② '나'는 예쁜 도자기를 만들어서 엄마와 아빠께 자랑해야겠다고 다짐했습니다(1문단). 하지만 이 글에 '내'가 직접 만든 컵을 엄마와 아빠께 드렸다는 내용은 나와 있지 않습니다.

③ '내'가 선생님께서 만드신 도자기를 구경했다는 내용은 나와 있지 않습니다.

④ '나'는 교실에서 친구들과 찰흙을 가지고 논 것이 아니라, 도자기 마을에서 찰흙으로 도자기를 만들었습니다.

⑤ '나'는 가족과 도자기 박물관에 방문한 것이 아니라, 반 친구들과 함께 도자기 마을로 현장 체험학습을 갔습니다.

2 3문단과 4문단의 내용으로 보아, '나'는 도자기를 불에 굽기 전에 꽃무늬를 새겼습니다.

이 문제를 틀렸다면

(1)은 2문단을, (2)는 3문단을 읽으며 확인해 봅니다.

3 '바닥을'은 뒤에 오는 '만들었다'를 꾸며 주는 말이 아닙니다.

오답 피하기

① '예쁜'은 뒤에 오는 '도자기'를 꾸며 주어, 도자기의 모양이 어떠한지를 자세하게 해 주는 말입니다.

② '조르르'는 뒤에 오는 '앉았다'를 꾸며 주어, 어떤 모양으로 앉아 있었는지를 자세하게 해 주는 말입니다.

③ '조물조물'은 뒤에 오는 '만져'를 꾸며 주어, 어떻게 만졌는지를 자세하게 해 주는 말입니다.

⑤ '기다란'은 뒤에 오는 '반죽'을 꾸며 주어, 반죽의 모양이 어떠한지를 자세하게 해 주는 말입니다.

4 '나'는 기다란 찰흙 반죽을 컵의 바닥 위에 쌓아 올린 다음 꽃무늬와 자신의 이름인 '정도연'을 새겨 컵을 만들었다고 하였습니다.

오답 피하기

(2) 기다란 반죽 여러 개를 쌓아 올려 만든 컵의 모양이 아니고, 꽃무늬도 새겨져 있지 않습니다.

(3) 기다란 반죽 여러 개를 쌓아 올려 만든 컵의 모양이 아닙니다.

어휘 익히기 86~87쪽

1 (1) ② (2) ③ (3) ①
2 (1) 둥우리 (2) 새겼다 (3) 찬찬히
3 (3) V
4 (1) 넣다 (2) 거칠다
5 (1) 빗었다 (2) 빚어서

2 (1)의 빈칸에는 '새가 알을 낳거나 살기 위해 풀, 나뭇가지 등을 엮어 만든 둥근 모양의 집.'이라는 뜻의 '둥우리'가, (2)의 빈칸에는 '그림이나 글씨 등을 팠다.'라는 뜻의 '새겼다'가, (3)의 빈칸에는 '성질, 솜씨, 행동 등이 꼼꼼하고 차분하게.'라는 뜻의 '찬찬히'가 들어가는 것이 알맞습니다.

3 '부리나케'는 '서둘러서 아주 급하게.'라는 뜻입니다. (3)에서 지유가 학교에 지각한 까닭은 서두르지 않고 느긋하게 준비했기 때문일 것이므로, '부리나케' 대신 '느긋하게'를 써야 자연스럽습니다.

이 문제를 틀렸다면

82쪽의 "부자 영감은 부리나케 농부를 찾아왔어요."라는 문장을 찾아 '부리나케'의 뜻을 살펴봅니다.

4 '꺼내다'와 뜻이 반대되는 낱말은 '어떤 공간 속에 들어가게 하다.'라는 뜻의 '넣다'입니다. 그리고 '부드럽다'와 뜻이 반대되는 낱말은 '겉이 메마르고 껄끄럽다.'라는 뜻의 '거칠다'입니다.

오답 피하기

'놓다'는 '손으로 잡거나 누르고 있던 물건을 손을 펴거나 힘을 빼서 손에서 빠져나가게 하다.'라는 뜻이고, '가늘다'는 '물체의 너비가 좁거나 굵기가 얇으면서 길다.'라는 뜻입니다.

5 '빗다'와 '빚다'는 뜻이 다르지만 글자가 비슷하여 헷갈리는 말입니다. (1)에서는 강아지의 털을 빗으로 가지런히 정리한 것이므로 '빗었다'가 알맞습니다. (2)에서는 진흙을 반죽하고 주물러서 만드는 그릇이 항아리인 것이므로 '빚어서'가 알맞습니다.

9 88~97쪽

인물의 마음 짐작하기

확인 문제 89쪽

(3) ○

■ 하늘이 맑게 갠 어느 날, 어머니는 한숨을 푹 내쉬며 날이 맑아 우산이 잘 안 팔리겠다고 말했습니다. 따라서 ㉠을 말할 때 어머니는 큰아들이 우산을 팔지 못할 것 같아 걱정스러운 마음이었을 것입니다.

1 치과에서 90~91쪽

1 치과, 이	2 (1) ① (2) ②
3 ③ 💡눈물	4 ㉯

1 '치과에서'라는 이 시의 제목과 2연의 "이를 빼야 하는데"라는 내용으로 보아, 시 속 인물은 치과에서 이를 빼고 있습니다.

2 시 속 인물은 "아, 아" 하고 입을 더 크게 벌려야 하는데(①) 오히려 "으, 으" 하고 점점 입이 다물어진다고(②) 하였습니다.

3 이를 빼야 하는데 입이 다물어지고 눈물이 나오는 것은 시 속 인물이 이를 빼는 것을 무서워하고 두려워하기 때문입니다.

이 문제를 틀렸다면

시 속 인물에게 일어난 일을 바탕으로 인물의 마음을 상상해 봅니다.

4 시 속 인물은 이를 빼는 것이 무서워서 입을 크게 벌리지 못하고 눈물만 쏙 뺐습니다. 이는 바늘이 뾰족한 주사를 맞는 것이 무서워서 울음을 터뜨린 경험과 비슷합니다.

오답 피하기

㉮ 시 속 인물은 아파하는 친구를 걱정하거나 도와주고 있지 않습니다.

2 짧아진 바지 92~93쪽

1 바지	2 (2) ×
3 ④	4 보라 💡다정한

1 이 글은 선비가 세 딸에게 바지를 한 뼘만 줄여 달라고 했는데 세 딸이 모두 한 뼘씩 줄여 바지가 짧아졌다는 내용입니다.

2 선비가 여름옷을 입어 보니, 저고리는 선비에게 딱 맞았습니다. 따라서 저고리가 선비의 팔 길이보다 한 뼘 더 짧았다는 설명은 알맞지 않습니다.

오답 피하기

(1) 선비는 먼 친척에게 여름옷을 선물로 받았습니다.

(3) 선비가 여름옷을 입어 보니, 바지가 선비의 다리 길이보다 한 뼘 더 길었습니다.

3 "저도 오늘 새벽에 일어나 바지를 한 뼘 줄였어요."라는 둘째 딸의 말을 통해 '오늘 새벽'에 둘째 딸이 선비의 바지를 줄였음을 알 수 있습니다.

이 문제를 틀렸다면

첫째 딸, 둘째 딸, 셋째 딸이 한 말에서 시간을 나타내는 말을 찾아봅니다. 첫째 딸은 '어젯밤'에, 셋째 딸은 '오늘 아침'에 선비의 바지를 한 뼘 줄였다고 하였습니다.

4 ㉡은 세 딸이 모두 선비의 부탁대로 바지를 한 뼘씩 줄였다는 사실을 알게 된 선비가 자신을 위하는 딸들의 마음이 지극하다며 다정한 목소리로 한 말입니다. 그러므로 ㉡을 말할 때 선비는 세 딸이 정성을 다해 자신의 부탁을 들어주어 흐뭇한 마음이었을 것입니다.

오답 피하기

연주: 세 딸은 바지를 세 뼘이나 줄인 것에 대해 선비에게 잘못했다고 말했습니다. 따라서 선비가 ㉡을 말할 때, 세 딸이 모두 잘못을 인정하지 않아 괘씸하게 느꼈을 것이라고 볼 수 없습니다.

승우: 선비의 바지는 세 뼘이나 줄어 무릎이 드러날 만큼 짧아졌습니다. 그런데도 선비가 ㉡에서 "나에게 딱 맞는 바지"라고 말한 것은 다리 길이에 딱 맞게 줄어서가 아니라, 세 딸의 행동이 만족스러웠기 때문입니다.

3 여우와 두루미 94~95쪽

1 (1) ×
2 길고, 납작한 접시
3 (1) ① (2) ②
4 ③ 놀리고

1 여우는 숲속에 살고, 두루미는 물가에 살았습니다.

오답 피하기

(2) 여우는 두루미를 찾아가 오늘 저녁에 자기 집으로 놀러 오라고 말했습니다.

(3) 여우가 차려 준 수프를 두루미가 먹지 못하자, 여우는 두루미의 수프까지 깨끗이 먹어 치웠습니다.

2 여우네 집으로 간 두루미는 여우가 차려 준 수프를 바라보기만 했습니다. 여우가 납작한 접시에 수프를 담아 주어서 부리가 길고 뾰족한 두루미는 수프를 먹을 수 없었기 때문입니다.

오답 피하기

주둥이가 짧아서 기다란 병에 담긴 수프를 먹지 못한 것은 여우입니다.

3 두루미는 여우가 맛있는 수프를 끓여 준다고 하자, 초대해 주어서 정말 고맙다며 꼭 가겠다고 말했습니다. 따라서 ㉠에서 두루미는 행복하고 기대되는 마음이었을 것입니다(①). 하지만 두루미는 여우네 집에서 기대했던 수프를 먹지 못하고 쫄쫄 굶은 채 집으로 돌아갔습니다. 따라서 ㉡에서 두루미는 속상하고 실망스러운 마음이었을 것입니다(②).

이 문제를 틀렸다면

㉠의 "정말 고마워.", ㉡의 "터덜터덜"이라는 표현을 통해 인물의 마음을 짐작해 봅니다.

4 여우를 집으로 초대한 두루미는 며칠 전에 여우가 자신을 놀렸던 것처럼, 기다란 병에 수프를 담아 주어 여우가 수프를 먹지 못하게 하였습니다. 두루미는 여우의 수프를 가져가 먹어 버렸고, 여우는 그제야 두루미가 자신을 놀리고 있다는 것을 깨달았습니다.

오답 피하기

①, ④, ⑤ 여우는 주둥이가 짧아 두루미가 기다란 병에 담아 준 수프를 맛보지 못했습니다.

② 여우는 두루미를 놀리기 위해 납작한 접시에 수프를 담아 주었습니다.

어휘 익히기 96~97쪽

1 (1) ② (2) ③ (3) ①
2 (1) 먼저 (2) 보답 (3) 울상
3 (2) V
4 (1) 흐리다 (2) 뭉툭하다
5 (1) V

2 (1)의 빈칸에는 '시간이나 순서에 앞서.'라는 뜻의 '먼저'가, (2)의 빈칸에는 '남에게 받은 은혜나 고마움을 갚음.'이라는 뜻의 '보답'이, (3)의 빈칸에는 '울려고 하는 얼굴 표정.'이라는 뜻의 '울상'이 들어가는 것이 알맞습니다.

3 '빠진다'는 '속에 있던 액체나 기체, 냄새 등이 밖으로 흘러 나가거나 새어 나간다.'라는 뜻입니다. (2)에서 바람은 창문 틈을 통해 밖에서 안으로 이동할 것이므로, '빠진다' 대신 '들어온다'를 써야 자연스럽습니다.

이 문제를 틀렸다면

90쪽의 "이를 빼야 하는데 / 눈물이 먼저 / 쏙 / 빠진다"를 찾아 '빠진다'의 뜻을 살펴봅니다.

4 '맑다'와 뜻이 반대되는 낱말은 '하늘에 구름이나 안개 등이 끼어 햇빛이 밝지 못하다.'라는 뜻의 '흐리다'입니다. 그리고 '뾰족하다'와 뜻이 반대되는 낱말은 '끝이 뾰족하지 않고 굵고 짤막하다.'라는 뜻의 '뭉툭하다'입니다.

오답 피하기

'흘리다'는 '물이나 작은 알갱이 등을 밖으로 새게 하거나 떨어뜨리다.'라는 뜻이고, '뭉클하다'는 '어떤 감정이나 느낌이 매우 강하게 마음에 생겨 가슴에 꽉 차는 느낌이 있다.'라는 뜻입니다.

5 '시치미를 떼다.'는 '자기가 하고도 하지 않은 척하거나 알면서도 모르는 척한다.'라는 뜻의 관용어입니다. (1)은 언니가 숨겨 둔 간식을 몰래 먹은 뒤에 먹지 않은 척하는 상황이므로, '시치미를 떼다.'와 어울립니다.

오답 피하기

(2) 오늘 입으려던 옷이 어디에 있는지 몰라서 답답해하는 것은 알면서도 모르는 척하는 상황이 아니므로, '시치미를 떼다.'와 어울리지 않습니다.

10 98~107쪽

알맞은 낱말 짐작하기

확인 문제 99쪽

②

■ 빈칸의 앞뒤 내용을 보면 빈칸에 들어갈 낱말은 종이를 접어 만든 것이고, 이것을 가지고 노는 놀이는 '딱지치기'임을 알 수 있습니다. 딱지치기는 자기 딱지로 상대방의 딱지를 뒤집어 가져가는 놀이이므로, 빈칸에 들어갈 알맞은 낱말은 '딱지'입니다.

1 『세종 대왕』을 읽고 나서 100~101쪽

1 (3)○	2 ②
3 훈민정음	4 ② 백성

1 이 글은 『세종 대왕』 책을 읽고 알게 된 내용과 느낀 점을 쓴 감상문입니다.

오답 피하기

(2) 글쓴이가 우리의 글자인 한글을 더욱 소중히 여기고 바르게 사용해야겠다고 한 것은 책을 읽고 느낀 점이지, 글쓴이의 주장이 아닙니다.

2 3문단에서 몇몇 신하들은 한글을 만드는 일에 크게 반대했다고 하였습니다.

3 세종 대왕은 누구나 쉽게 배울 수 있는 글자를 만들고, 그 글자의 이름을 '백성을 가르치는 바른 소리'라는 뜻의 '훈민정음'이라고 지었습니다.

4 세종 대왕은 백성들이 글자를 알지 못해 불편하게 살아가는 것을 안타깝게 여겼고, 누구나 쉽게 배울 수 있는 글자인 훈민정음을 완성하기 위해 밤을 새우며 연구했습니다. 이러한 모습에서 '백성'을 사랑하는 세종 대왕의 마음을 느낄 수 있습니다.

이 문제를 틀렸다면

①~⑤를 빈칸에 하나씩 넣어 보고, 내용이 자연스럽게 이어지는지 확인해 봅니다.

2 다른 색, 다른 느낌 102~103쪽

1 ④	2 (2)×
3 (1)① (2)②	4 (3)○ 주황색

1 이 글은 색이 따뜻함, 차가움, 가벼움, 무거움, 긴장됨, 편안함과 같은 다양한 느낌을 준다는 것을 설명하는 글입니다.

오답 피하기

② 시원한 바다가 떠오르는 하늘색, 파란색, 남색이 차가운 느낌을 주는 색이라는 내용은 있지만, 바다가 파란색인 까닭에 대한 설명은 없습니다.

③ 사람마다 좋아하는 색이 다를 것이라는 내용은 있지만, 사람들이 좋아하는 색에 대한 설명은 없습니다.

2 3문단에서 연두색이나 연노란색처럼 밝고 연한 색은 부드럽고 가벼운 느낌이 드는 색이라고 하였습니다. 딱딱하고 무거운 느낌이 드는 색은 고동색이나 검은색처럼 어둡고 짙은 색입니다.

오답 피하기

(1) 색에 따라 감정이 다르게 느껴지기도 합니다(4문단).

(3) 어떤 색은 따뜻하게 느껴지고, 어떤 색은 차갑게 느껴집니다(2문단).

3 ㉠과 ㉡이 있는 4문단에서는 빨간색을 보면 위급한 상황이 떠올라 긴장되고, 초록색을 보면 마음이 편안해진다고 하였습니다. 그러므로 불을 끄기 위해 달려가는 소방차는 '빨간색'일 것이고(①), 비상 상황에서 안전한 곳으로 안내하는 비상구 표지판은 '초록색'일 것입니다(②).

이 문제를 틀렸다면

㉠과 ㉡의 앞 내용은 신호등에서 멈추라는 신호로 빨간색을 쓰고, 안심하고 건너라는 신호로 초록색을 쓴다는 것입니다. 이를 바탕으로 소방차와 비상구 표지판의 색을 짐작해 봅니다.

4 2문단에 따르면 따뜻한 느낌을 주는 색은 빨간색, 주황색, 노란색입니다. 따라서 주황색 이불과 노란색 베개가 따뜻한 느낌을 주는 물건에 해당합니다.

오답 피하기

(1) 곰인형의 색깔인 검은색과 고동색은 무거운 느낌을 주는 색입니다.

(2) 웃옷의 색깔인 하늘색은 차가운 느낌을 주는 색입니다.

3 달리기를 하면 왜 숨이 가빠질까? 104~105쪽

1 ② **2** (1) 숨 (2) 영양분
3 ② **4** 연지 💡에너지

1 4문단에서 달리기는 에너지를 많이 쓰는 활동이라고 하였습니다.

오답 피하기

① 우리가 들이마시는 공기 속에는 산소가 들어 있습니다(2문단).
③ 숨을 쉬지 않으면 생명을 유지할 수 없습니다(2문단).
④ 우리는 산소를 이용해서 만든 에너지로 몸을 따뜻하게 유지합니다(3문단).
⑤ 에너지란 여러 가지 일을 할 수 있는 힘을 말합니다(2문단).

2 3문단에서 우리가 (1) 숨을 쉬면 코와 입을 거쳐 몸속으로 산소가 들어오고, 산소는 우리가 먹은 음식 속의 (2) 영양분과 만나 에너지를 만든다고 하였습니다.

이 문제를 틀렸다면

3문단에서는 우리 몸이 산소로 에너지를 만들어 내는 과정을 순서대로 설명하고 있습니다. 3문단을 꼼꼼히 읽으며 그 순서를 정리해 봅니다.

3 ㉠의 앞 내용을 보면, 달릴 때는 앉아 있거나 걸을 때보다 많은 에너지를 쓴다고 하였습니다. 그러므로 달리기를 하는 중에는 에너지를 많이 만들어야 할 것이고, 이에 따라 몸에서 필요한 '산소'의 양도 늘어날 것입니다.

오답 피하기

⑤ 산소가 영양분과 만나 에너지를 만든다고 하였으므로, ㉠에 들어갈 낱말을 '영양분'이라고 짐작할 수도 있습니다. 하지만 ㉠에 '영양분'이 들어가면 우리 몸이 산소를 더 많이 얻기 위해 숨을 자주 들이마시게 된다는 뒤의 내용과 자연스럽게 이어지지 않습니다.

4 5문단에서는 달리기를 하다가 숨이 너무 가빠져 힘들 때 ㉡과 같이 행동하면 다시 움직일 에너지가 생긴다고 하였습니다. 이는 연지의 말처럼 몸속에 많은 양의 산소가 들어와 에너지를 많이 만들어 냈기 때문입니다.

오답 피하기

진수: 공기 속에는 에너지를 만들어 내는 산소가 들어 있습니다. 따라서 ㉡과 같이 행동하면 몸속에 산소가 부족해질 것이라는 짐작은 알맞지 않습니다.

어휘 익히기 106~107쪽

1 (1) ① (2) ② (3) ③
2 (1) 평범한 (2) 비상구 (3) 영양분
3 (1) V **4** 계속하다
5 (1) 가르쳐 (2) 가리켰다

2 (1)의 빈칸에는 '뛰어나거나 특별한 점이 없이 보통인.'이라는 뜻의 '평범한'이, (2)의 빈칸에는 '갑작스러운 사고가 생겼을 때 급히 밖으로 나갈 수 있도록 만들어 놓은 출입구.'라는 뜻의 '비상구'가, (3)의 빈칸에는 '생물이 생명을 유지하고 몸을 성장시키는 데 필요한 성분.'이라는 뜻의 '영양분'이 들어가는 것이 알맞습니다.

3 '짙은'은 '빛깔이 보통의 정도보다 뚜렷하고 강한.'이라는 뜻입니다. (1)에서 두께와 옷의 빛깔은 관련이 없으므로, '짙은' 대신 두께가 두껍지 않다는 뜻의 '얇은'을 써야 자연스럽습니다.

이 문제를 틀렸다면

102쪽의 "하지만 고동색이나 검은색처럼 어둡고 짙은 색은 딱딱하고 무거운 느낌이 들어요."라는 문장을 찾아 '짙은'의 뜻을 살펴봅니다.

4 '유지하다'와 뜻이 비슷한 낱말은 '끊지 않고 이어 나가다.'라는 뜻의 '계속하다'입니다.

오답 피하기

'그만두다'는 '하던 일을 중간에 그치고 하지 않다.'라는 뜻이고, '살펴보다'는 '여기저기 빠짐없이 자세히 보다.'라는 뜻이며, '중지하다'는 '하던 일을 중간에 멈추거나 그만두다.'라는 뜻입니다.

5 '가르치다'와 '가리키다'는 뜻이 다르지만 글자가 비슷하여 헷갈리는 말입니다. (1)에서는 선생님이 젓가락질하는 방법을 설명해서 익히게 한 것이므로 '가르쳐'가 알맞습니다. (2)에서는 친구가 옷에 묻은 얼룩을 손가락으로 집어서 알린 것이므로 '가리켰다'가 알맞습니다.

11 108~117쪽

글쓴이의 생각 판단하기

확인 문제 109쪽

(1) 바르게 (2) 옳다고

■ 글쓴이는 예쁘고 소중한 친구의 이름을 (1)바르게 불러야 한다고 하였습니다. 친구가 이름 대신 별명을 불러서 기분이 나빴던 경험이 있는 '나'는 글쓴이의 생각이 (2)옳다고 생각할 것입니다.

1 학교에서 지켜야 할 규칙 110~111쪽

1 (2)○ 2 (1) 오른쪽 (2) 줄 셋째
3 ③ 4 선태

1 1문단에서 글쓴이는 학교에서 모두가 즐겁게 생활하기 위해 지켜야 할 규칙들이 있다고 하였습니다.

2 이 글은 학교에서 지켜야 할 세 가지 규칙을 설명하고 있습니다. 이는 밖에서 학교 건물 안으로 들어갈 때 신발을 갈아 신는 것(2문단), 복도와 계단에서 뛰지 않고 (1)오른쪽으로 걷는 것(3문단), 화장실 앞에서 (2)줄을 서서 차례를 기다리는 것(4문단)입니다.

3 바깥에서 신던 신발에는 흙과 먼지가 잔뜩 묻어 있다고 하였으므로, 이 신발을 신고 건물 안에 들어가면 바닥이 더러워질 것입니다.

4 학교 안에서 신발을 갈아 신지 않거나, 복도와 계단에서 뛰거나, 화장실 앞에서 줄을 서지 않는 등 규칙을 어기는 행동을 하면 학교가 지저분해지고 학생들이 다칠 수 있습니다. 그러므로 학교에서 규칙을 지켜야 한다는 글쓴이의 생각을 옳다고 판단할 수 있습니다.

오답 피하기

정주: 자신은 넘어진 적이 없다는 이유로 글쓴이의 생각이 옳지 않다고 판단하는 것은 적절하지 않습니다. 게다가 정주의 친구가 복도에서 뛰어다니다가 넘어진 것을 보면 복도에서 뛰는 것은 위험한 행동입니다.

2 일회용품을 줄이자 112~113쪽

1 적게, 줄여야 종이, 나무 2 ⑤
3 (2)○ 4 ㉯

1 글쓴이는 일회용품이 환경을 오염시키고 숲을 파괴하므로 일회용품의 사용을 줄여야 하며, 이를 위해 비닐봉지, 종이컵, 나무젓가락을 적게 쓰는 실천을 해야 한다고 하였습니다.

이 문제를 틀렸다면

글의 제목을 보고 글쓴이의 생각을 파악해 봅니다.

2 1문단에 따르면, 일회용품은 여러 번이 아니라 한 번 쓰고 버리도록 만들어진 물건입니다.

오답 피하기

①, ③ 숲은 공기를 맑게 하고, 동물과 식물의 보금자리가 되어 줍니다(3문단).
② 땅에 묻힌 비닐봉지는 50년이 넘게 썩지 않고 남아 흙을 오염시킵니다(2문단).
④ 종이컵과 나무젓가락은 숲에 있는 나무를 베어서 만듭니다(3문단).

3 비닐봉지는 흙을 오염시키고 종이컵과 나무젓가락은 숲을 파괴합니다. 이러한 일회용품을 줄여야 지구를 보호할 수 있으므로, 환경과 숲을 위해 일회용품 사용을 줄이자는 글쓴이의 생각을 옳다고 판단할 수 있습니다.

오답 피하기

(1) 여러 번 쓸 수 있는 가방과 같이 일회용품 대신 사용할 수 있는 물건이 있는 것으로 보아, 일회용품이 우리에게 꼭 필요한 물건은 아닙니다. 따라서 이를 들어 글쓴이의 생각이 옳지 않다고 판단하는 것은 알맞지 않습니다.

4 글쓴이는 일회용품 사용을 줄여야 한다고 하였으므로, 나무젓가락과 같은 일회용품을 되도록 사용하지 않을 것입니다.

오답 피하기

㉮, ㉰ 글쓴이는 비닐봉지와 종이컵을 적게 쓰자고 하였습니다. 따라서 천으로 된 가방과 유리컵을 사용하는 것은 글쓴이가 할 행동으로 알맞습니다.

3 돌고래를 바다로 돌려보내 주세요 114~115쪽

1 수족관, 바다
2 (1) × 💡30, 50
3 ㉮, ㉱
4 (3) ○

1 글쓴이는 돌고래에게 수족관은 너무 좁기 때문에, 수족관에 있는 모든 돌고래를 바다로 돌려보내 주어야 한다고 하였습니다.

이 문제를 틀렸다면

1문단의 '~라고 생각해요.', 4문단의 '~해야 해요.'로 끝나는 문장을 찾아 읽으며 글쓴이의 생각을 파악해 봅니다.

2 4문단에 따르면 바다에서 돌고래는 30년에서 50년 정도 살지만, 수족관에서는 보통 10년을 살지 못합니다.

오답 피하기

(2) 돌고래는 넓은 바다를 헤엄치며 하루에 100킬로미터 이상을 이동합니다(2문단).
(3) 돌고래는 사람에게는 들리지 않는 '초음파'라는 소리를 내보내 다른 돌고래와 대화를 합니다(3문단).

3 2문단에서 좁은 수족관에 사는 돌고래는 자유롭게 움직일 수 없어 엄청난 스트레스를 받는다고 하였습니다(㉮). 또 3문단에서 수족관에 사는 돌고래가 초음파를 내면, 벽에 부딪혀 돌아오는 시끄러운 초음파에 고통스러워한다고 하였습니다(㉱).

오답 피하기

㉯, ㉰ 이 글에서 확인할 수 없는 내용입니다.

4 빈칸에는 글쓴이의 생각이 옳다고 생각하는 까닭이 나타나야 하므로, 돌고래는 넓은 바다에서 살아야 행복하다는 내용이 들어가는 것이 알맞습니다.

오답 피하기

(1) 돌고래를 바다로 돌려보내야 한다는 글쓴이의 생각과 다릅니다.
(2) 돌고래가 좁은 수족관에 살면 안 된다는 글쓴이의 생각과 다릅니다.

어휘 익히기 116~117쪽

1 (1) ② (2) ③ (3) ①
2 (1) 무심코 (2) 수족관 (3) 맞은편
3 (3) V
4 (1) 어기다 (2) 불편하다
5 (2) V

2 (1)의 빈칸에는 '아무런 뜻이나 생각이 없이.'라는 뜻의 '무심코'가, (2)의 빈칸에는 '물속에 사는 생물을 길러, 살아가는 모습을 관찰할 수 있도록 만든 곳.'이라는 뜻의 '수족관'이, (3)의 빈칸에는 '서로 마주 보이는 편.'이라는 뜻의 '맞은편'이 들어가는 것이 알맞습니다.

3 '헛디뎌'는 '발을 잘못 디디어.'라는 뜻입니다. (3)에서 멀리 있는 음식을 집으려면 팔을 뻗어야 할 것이므로, '헛디뎌' 대신 '뻗어'를 써야 자연스럽습니다.

이 문제를 틀렸다면

110쪽의 "발을 헛디뎌 높은 곳에서 떨어질 수 있기 때문이에요." 라는 문장을 찾아 '헛디뎌'의 뜻을 살펴봅니다.

4 '지키다'와 뜻이 반대되는 낱말은 '규칙이나 약속 등을 지키지 않다.'라는 뜻의 '어기다'입니다. 그리고 '편리하다'와 뜻이 반대되는 낱말은 '이용하기에 편리하지 않다.'라는 뜻의 '불편하다'입니다.

오답 피하기

'따르다'는 '정해진 규칙이나 절차, 해 오던 방식 또는 다른 사람의 의견을 그대로 실행하다.'라는 뜻이고, '간편하다'는 '간단하고 편리하다.'라는 뜻입니다.

5 '미꾸라지 한 마리가 온 웅덩이를 흐려 놓는다.'는 '한 사람의 잘못된 행동이 주변 사람들에게 나쁜 영향을 미친다.'라는 뜻의 속담입니다. (2)는 조용히 있어야 할 도서관에서 한 명이 떠들기 시작하자 모두가 떠들게 된 상황이므로, '미꾸라지 한 마리가 온 웅덩이를 흐려 놓는다.'와 어울립니다.

오답 피하기

(1) 수업 시간에 친구와 떠들지 않고 선생님 말씀에 집중하는 것은 수업 시간에 맞는 바람직한 행동이므로, '미꾸라지 한 마리가 온 웅덩이를 흐려 놓는다.'와 어울리지 않습니다.

12 118~127쪽

일상생활에 적용하기

확인 문제 119쪽

(1)○

■ 글에서 진달래는 꽃잎을 먹을 수 있어서 음식에 넣기도 하지만, 철쭉은 꽃잎에 독이 있어서 먹으면 안 된다고 하였습니다. 따라서 보기 에서 설명하는 화전을 만들 때 사용할 수 있는 꽃은 '진달래'입니다. 이 글에 따르면, 진달래는 꽃잎에 점이 없거나 점이 있더라도 옅어서 잘 보이지 않습니다.

1 편지로 마음을 전해요 120~121쪽

1 방법 2 (1)×
3 ②, ③ 4 (2)○ 올림

1 이 글은 편지를 쓸 때 '받을 사람, 첫인사, 전하고 싶은 말, 끝인사, 쓴 날짜, 쓴 사람'을 갖추어 써야 한다며, 편지를 쓰는 방법을 설명하고 있습니다.

2 3문단에서 끝인사에는 편지를 받을 사람이 잘 지내기를 바라는 마음을 담는다고 하였습니다. 편지를 쓴 까닭은 전하고 싶은 말에 담는 내용입니다.

이 문제를 틀렸다면

(2)는 2문단을, (3)은 3문단을 읽으며 확인해 봅니다.

3 받을 사람을 쓴 다음에는 첫인사, 전하고 싶은 말, 끝인사를 순서대로 씁니다. 그리고 마지막으로 편지를 쓴 날짜(②)와 편지를 쓴 사람(③)을 적습니다.

4 편지를 쓴 사람을 쓸 때, 편지를 받을 사람이 웃어른이면 이름 뒤에 '드림'이나 '올림'을 붙여야 합니다. 하지만 민지는 편지를 받을 사람이 웃어른인 '경비 아저씨'인데도 '민지가'라고 썼습니다. 그러므로 마지막 줄의 '민지가'를 '민지 올림'이라고 고쳐야 합니다.

2 지진이 일어나면 어떻게 할까? 122~123쪽

1 안쪽, 흔들리는
2 (1)㉯ (2)㉰ (3)㉱ (4)㉮
3 ③ 사고 4 (3)○

1 이 글의 첫 번째 문장을 통해 지진은 지구 안쪽에 커다란 변화가 생겨 땅이 흔들리는 현상임을 알 수 있습니다.

2 지진이 일어나면 건물 안에서는 튼튼한 탁자 아래로 들어가 몸을 숨기고, 탁자 다리를 꼭 잡아야 합니다(㉯). 건물 밖에서는 건물과 떨어져서 주위를 살피며 운동장이나 공원과 같은 넓은 장소로 피해야 합니다(㉰). 승강기 안에 있다면 모든 층의 버튼을 누르고, 가장 먼저 멈추는 층에서 내려야 합니다(㉱). 지하철을 타고 있다면 넘어지지 않게 손잡이를 꽉 잡고, 지하철이 멈추면 안내에 따라 행동해야 합니다(㉮).

이 문제를 틀렸다면

㉮~㉱의 내용을 '올바른 지진 대처 방법'에서 하나씩 찾아봅니다.

3 지진에 침착하게 대처하지 못하면 큰 사고가 날 수 있습니다. 지진이 일어나면 물건이 떨어지고 건물과 도로가 무너질 수 있기 때문입니다. 이를 고려하면, 지진에 대처하는 방법을 미리 알아두었을 때 지킬 수 있는 것은 '안전'입니다.

이 문제를 틀렸다면

빈칸의 앞뒤 내용만 보지 말고, 글 전체 내용을 바탕으로 빈칸에 알맞은 낱말을 짐작해 봅니다.

4 제시된 그림에는 학교 건물 안에 있는데 지진이 일어난 상황이 나타나 있습니다. 이와 같은 상황에서 흔들림이 멈추었다면, 계단을 이용해 건물 밖으로 나가야 합니다.

오답 피하기

(1) 건물 안에 있을 때 지진이 났다면 흔들림이 멈춘 다음에 승강기가 아닌 계단을 이용해서, 옥상이 아닌 건물 밖으로 나가야 합니다.
(2) 흔들림이 느껴질 때는 튼튼한 탁자 아래로 들어가 탁자 다리를 꼭 잡아야 하지만, 흔들림이 멈추면 건물 밖으로 나가야 합니다.

3 강낭콩 기르기 124~125쪽

1 강낭콩
2 (1)① (2)③ (3)②
3 ③ 💡꼬투리
4 (1)○

1 이 글은 강낭콩이 씨앗에서 싹, 꽃으로 자라는 모습을 관찰하여 그 내용을 기록한 글입니다.

2 4월 5일, 글쓴이는 화분에 강낭콩 씨앗을 심고 이 강낭콩의 이름을 '콩이'라고 지었습니다(①). 4월 12일, 강낭콩 씨앗을 심은 화분에서 흙 위로 연두색 새싹이 났습니다(③). 5월 7일, 강낭콩의 꽃봉오리에서 하얀 꽃이 피었습니다(②).

이 문제를 틀렸다면

'4월 5일', '4월 12일', '5월 7일'에 각각 어떤 일이 일어났는지 살펴봅니다.

3 5월 7일 자 기록에서 글쓴이는 강낭콩의 꽃이 나비 날개 모양이라고 하였습니다.

오답 피하기

① 4월 5일 자 기록에서 '오늘'이 식목일이라고 한 것으로 보아, 식목일은 4월 5일입니다.
② 글쓴이의 엄마는 강낭콩의 꽃이 지고 나면 기다란 열매가 맺힐 것이라고 하였습니다.
④ 강낭콩은 씨앗을 심은 뒤에 물을 듬뿍 주고, 이후에는 3일에 한 번씩 물을 줍니다.
⑤ 강낭콩의 꽃봉오리가 아니라 열매를 '꼬투리'라고 부릅니다.

4 4월 12일 자 기록에 나타난 글쓴이의 경험을 참고하여, 강낭콩 씨앗을 심은 지 일주일쯤 지나면 새싹이 날 거라고 말해 줄 수 있습니다.

오답 피하기

(2) 글쓴이는 화분에 흙을 채우고 손가락 한 마디가 들어갈 만큼 구멍을 뚫었습니다. 따라서 강낭콩 씨앗을 화분의 밑바닥에 닿을 만큼 깊이 심으라고 말하는 것은 알맞지 않습니다.
(3) 글쓴이는 강낭콩 씨앗을 심은 화분을 햇빛이 잘 드는 창가에 내다 놓았습니다. 따라서 이를 그늘에 두라고 말하는 것은 알맞지 않습니다.

어휘 익히기 126~127쪽

1 (1)② (2)① (3)③
2 (1)반드시 (2)웃어른 (3)맺혔다
3 (1)V
4 가끔
5 (1)바랐다 (2)바래서

2 (1)의 빈칸에는 '틀림없이 꼭.'이라는 뜻의 '반드시'가, (2)의 빈칸에는 '나이나 지위, 신분 등이 자기보다 높은 어른.'이라는 뜻의 '웃어른'이, (3)의 빈칸에는 '열매나 꽃 등이 생겨났다.'라는 뜻의 '맺혔다'가 들어가는 것이 알맞습니다.

3 '아담했다'는 '보기에 좋게 자그마했다.'라는 뜻입니다. (1)에서 코끼리는 몸집이 자그마한 것이 아니라 크고 우람하므로, '아담했다' 대신 '우람했다'를 써야 자연스럽습니다.

이 문제를 틀렸다면

124쪽의 "꽃은 나비 날개 모양으로 하얗고 아담했다."라는 문장을 찾아 '아담했다'의 뜻을 살펴봅니다.

4 '종종'과 뜻이 비슷한 낱말은 '어쩌다가 한 번씩.'이라는 뜻의 '가끔'입니다.

오답 피하기

'가득'은 '빈 곳이 없을 정도로 무엇이 많은 모양.'이라는 뜻이고, '자꾸'는 '여러 번 계속하여.'라는 뜻이며, '자주'는 '같은 일을 잇따라 잦게.'라는 뜻입니다.

5 '바라다'와 '바래다'는 뜻이 다르지만 글자가 비슷하여 헷갈리는 말입니다. (1)에서는 지호와 짝꿍이 되기를 기대한 것이므로 '바랐다'가 알맞습니다. (2)에서는 옷의 색이 희미해진 것이므로 '바래서'가 알맞습니다.

MEMO

MEMO

MEMO

용선생

추론독해 1

정답과 해설

용선생

추론독해 1